教育部高校示范马克思主义学院和优秀教学科研团队建设项目资助〔2016〕178 号
河北省高等教育教学改革研究与实践项目资助 2016GJJG092

践 行 渐 悟

——高校思政课实践教学的探索与实践

甘　玲 主编

燕山大学出版社
·秦皇岛·

图书在版编目（CIP）数据

践行渐悟：高校思政课实践教学的探索与实践 / 甘玲主编．—2 版．— 秦皇岛：燕山大学出版社，2022.1（2026.1重印）

ISBN 978-7-5761-0305-2

Ⅰ．①践… Ⅱ．①甘… Ⅲ．①高等学校－思想政治教育－教学研究－中国 Ⅳ．①G641

中国版本图书馆 CIP 数据核字（2022）第 009970 号

践行渐悟——高校思政课实践教学的探索与实践

甘玲　主编

出 版 人：陈　玉
责任编辑：张　蕊
封面设计：朱玉慧
出版发行：燕山大学出版社 YANSHAN UNIVERSITY PRESS
地　　址：河北省秦皇岛市河北大街西段 438 号
邮政编码：066004
电　　话：0335-8387555
印　　刷：廊坊市印艺阁数字科技有限公司
经　　销：全国新华书店

开　　本：700mm×1000mm　1/16　　**印　　张：**16.75　　**字　　数：**215 千字
版　　次：2022 年 1 月第 2 版　　**印　　次：**2026 年 1 月第 2 次印刷
书　　号：ISBN 978-7-5761-0305-2
定　　价：68.00 元

版权所有　侵权必究

如发生印刷、装订质量问题，读者可与出版社联系调换

联系电话：0335-8387718

前言

实践，是检验真理的唯一标准，也是学生成长的最好课堂。实践教学作为高校思想政治理论课课堂教学的重要组成部分，是巩固思政课理论教学成果、着力提升思政课教学质量的重要环节。2004 年，中共中央、国务院在《关于进一步加强和改进大学生思想政治教育的意见》中明确指出，社会实践是大学生思想政治教育的重要环节，对促进大学生了解社会、了解国情、增长才干、奉献社会、锻炼毅力、培养品格、增强社会责任感具有不可替代的作用。紧接着，在 2005 年，中共中央宣传部、教育部又出台了《关于进一步加强和改进高等学校思想政治理论课的意见》（即我们常说的“05”方案），该方案指出：高等学校思想政治理论课的所有课程都要加强实践环节。要建立和完善实践教学保障制度，探索实践育人的长效机制。2015 年，中央宣传部、教育部印发了《普通高校思想政治理论课建设体系创新计划》，该计划要求：努力强化实践教学，建设与课堂教学相互促进的思想政治理论课第二课堂教学体系；制定印发了《高校思想政治理论课实践教学大纲》，进一步规范实践教学。同年，教育部关于《高等学校思想政治理论课建设标准》中进一步强调：把实践教学纳入教学计划，统筹思想政治理论课各门课的实践教学、落实学分（本科 2 学分，专科 1 学分)、教学内容、指导教师和专项经费。实践教学覆盖全体学生，建立相对稳定的校外实践教学基地。2017 年 2 月，中共中央、国务院印发了《关于加强和改进新形势下高校思想政治工作的意见》，该意见再次强调：要强化社会实践育人，提高实践教学比重，组织师生参加社会实践活动，完善科教融合、校企联合等协同育人模式，加强实践教学基地建设等。从党中央、教育部发布的这些文件不难看出，党中央、教育部高度重视实践教学，开展思想政治理论课实践教学意义重大。

经过十多年的摸索，思政课实践教学取得了突破性进展，可以说，无论中央还是地方的各大高校，思政课实践教学的重要性得到了广泛的认可。但是，不可否认，仍然存在对思政课实践性本质、对思政课实践教学的重要性认识不足，部分思政课实践教学流于形式，以及教师、学生的主动性不足，机制不健全等问题。这些问题严重影响了思政课实践教学的效果。

正是基于此，本书在多年探索思政课“5+1”主题实践教学模式的基础上，尝试将实践教学纳入教学计划和学分体系，规范实践教学的组织、实施、管理与评价等诸多环节，建立和完善实践教学保障机制与实践育人长效机制，逐步探索出一套与课堂教学相互补充、相互促进的系统化的实践教学体系。全书分为四部分：高校思政课实践教学相关理论问题研究、高校思政课实践教学方式方法创新研究、高校思政课实践教学实施保障与管理评价研究、高校五门思政课实践教学模式改革与探索研究。

第一部分，高校思政课实践教学相关理论问题研究，从马克思主义人学理论、马克思主义认识论、马克思主义生态观以及“大课堂”理念等不同视角，分析探讨了思政课实践教学的本质功能、理论基础与实现路径等问题，明晰了高校思政课实践教学的意义与方向。

第二部分，高校思政课实践教学方式方法创新研究，对新媒体时代高校思政课实践教学模式、地方红色文化融入思政课实践教学、发挥高校社团在思政课实践教学中的作用等问题进行了分析与探讨。

第三部分，高校思政课实践教学实施保障与管理评价研究，主要对高校思政课实践教学的实施与保障、管理与评价、实践教学的规范化与系统化、实践教学的常态化运行等问题进行了重点研究，并对具体的实施措施进行了总结与概括。

第四部分，高校五门思政课实践教学模式改革与探索研究，针对高校五门思政课不同课程的特点，分析探讨了适合不同课程内容的实践教学形式，并对河北科技大学探索多年的思政课“5+1”主题实践教学模式进行了总结与概括。

实践，永无止境。实践教学，亦历久弥新。我们在高校思政课实践教学改革之路上，践行渐悟。由于时间、人力、能力等种种原因，不足不当之处，难免其中，望诸位专家、同仁指正、赐教。

甘 玲

2017 年 9 月

目录

实践教学相关理论问题研究

高校思政课实践教学方式方法创新研究

高校思政课
实践教学相关理论
问题研究

马克思主义人学理论视域下思政课实践育人探析

张会蔚

马克思主义人学理论科学地揭示了人的本质，正确把握了人的价值及其实现途径，深入分析了人的自由而全面发展的方向趋势。高校思想政治理论课（以下简称思政课）是对大学生进行系统的马克思主义理论和思想政治教育的主渠道和主阵地，思政课实践教学作为高校思政课教学的重要组成部分，在高校育人中发挥着重要作用。高校思政课实践教学只有在马克思主义人学理论指导下，贯彻落实中共中央、国务院在 2017 年 2 月 27 日印发的《关于加强和改进新形势下高校思想政治工作的意见》（以下简称《意见》）的精神要求，遵循新时期大学生的成长规律，发挥思政课实践育人功能，才能促进大学生成长为“又红又专、德才兼备、全面发展的中国特色社会主义合格建设者和可靠接班人”[1]。

（1）新华社．中共中央国务院印发《关于加强和改进新形势下高校思想政治工作的意见》[EB/OL]. [2017-02-27]. http：//www.xinhuanet.com/2017-02/27/c_1120538762.htm．

一、思政课实践教学的概念与边界

思政课实践教学是高校整个思想政治工作的重要内容之一，与思政课的理论教学同属于思政课教学的重要组成部分，它与思政课的理论教学在目标与任务上具有一致性，二者相辅相成，不可分割。根据思政课的覆盖范围，又可以将思政课实践教学分为狭义和广义两种。

（一）狭义的思政课实践教学

狭义的思政课实践教学指直接与高校五门思政课即“思想道德修养与法律基础”“中国近现代史纲要”“马克思主义基本原理概论”“毛泽东思想和中国特色社会主义理论体系概论”及“形势与政策”紧密联系在一起的、有特定的目标任务和专属思政课学分要求的实践教学。具体又包括思政课五门课的分课程实践教学和思政课总实践教学，即“5+1”的思政课实践教学模式。其中，“5”代表五门课的分课程实践，“1”代表思政课总课程实践。

思政课五门课的分课程实践教学属于五门思政课的课内实践教学，具体可以称为“思想道德修养与法律基础”课程实践、“中国近现代史纲要”课程实践、“马克思主义基本原理概论”课程实践、“毛泽东思想和中国特色社会主义理论体系概论”课程实践、“形势与政策”课程实践五个分课程实践。思政课的分课程实践教学与理论教学安排在同一个学期内进行，理论教学采取课堂形式，分课程实践教学则采取课外形式，并与每门思政课课堂理论教学相互支撑，主题的选择和确定也与每门思政课的教学内容紧密衔接。思政课总实践教学具有综合性、广泛性等特点，适合在学完前四门思政课和一部分形势与政策课程之后进行，时间往往选择在学生的暑假与寒假。根据思政课实践教学的任务和要求，学生选择相应实践主题，采取个人或团队形式，到学生家乡或其他地区进行实地调研，在调研基础上，结合所学思政课理论，撰写实践调研报告，实践调研报告合格者获得相应学分。

（二）广义的思政课实践教学

广义的思政课实践教学是狭义思政课实践教学的延伸，既包括前边提到的狭义的两种思政课实践，又包括以育人为根本目的，渗透在高校学生的专业实践教学、校内与校外的党团活动、学生的各种体察民情活动、服务社会的志愿服务等其他社会实践活动中的实践教育教学。由狭义的思政课实践教学延伸出的这部分实践育人是在大思政背景下，由思政课所属的马克思主义学院协同其他与大学生成长发展相关的职能部门共同参与的实践教育教学。《意见》中提到："坚持全员全过程全方位育人。把思想价值引领贯穿教育教学全过程和各环节，形成教书育人、科研育人、实践育人、管理育人、服务育人、文化育人、组织育人长效机制。"(1) 广义的思政课实践教学正是立足于"大思政"的时代背景，把思政课看成一个系统工程，包括思政课教师在内的多方面施教主体之间建立起了协同创新的长效育人机制，都能自觉对学生进行马克思主义的世界观、人生观和价值观教育，让学生课上与课下衔接，校内与校外衔接，理论与实践衔接，思想和行为衔接，学业与做人衔接，从而将各个方面、各种形式的教育力量在大学生成长发展中形成 种合力。

大思政背景下的育人观念是对新时期思想政治教育工作规律性的认识与把握。《意见》提到："坚持遵循教育规律、思想政治工作规律、学生成长规律。把握师生思想特点和发展需求，注重理论教育和实践活动相结

(1) 新华社. 中共中央国务院印发《关于加强和改进新形势下高校思想政治工作的意见》[EB/OL]. [2017-02-27]. http：//www.xinhuanet.com/2017-02/27/c_1120538762.htm.

合、普遍要求和分类指导相结合，提高工作科学化精细化水平”(1)。与大思政背景下的育人观念相适应，广义的思政课实践教学需要依托高校马克思主义学院与受教主体成长发展相关的各个职能部门的协同创新来实现。

二、思政课实践育人的马克思主义人学理论基础

马克思主义人学理论在人的“生存实践性”基础上，把人放在“社会关系”中去研究，实现了对“现实的人”的人文关照，形成了包括人的本质、人的价值及其实现、人的自由而全面发展等在内的科学的人学理论体系。马克思主义人学理论体现了科学与价值、理论与实践的辩证统一。思政课实践育人的主体是人，马克思主义人学理论的形成和发展为新时期思政课实践育人提供了科学的哲学指导。

（一）马克思主义人的本质理论对思政课实践育人的指导

人的本质理论是马克思主义人学理论的基础。马克思在《费尔巴哈的提纲》中提出了“人的本质不是单个人所固有的抽象物，在其现实性上，它是一切社会关系的总和”(2)。马克思反对从抽象人性论去理解人的本质，对历史上的抽象人性论进行了批判，主张从现实的、有生命的、具体的个人去理解人。马克思吸取了人类思想史上的优秀文化成果，站在历史唯物主义高度，提出了人的本质这一科学论断。马克思主义人的本质理论强调了人的社会属性，又重视个体的现实需要，把人放在与社会环境的动态联系中去理解人和关怀人，具有重要的理论价值和现实指导意义。

马克思主义关于人的本质理论是在社会实践活动中形成、发展和体现

(1) 新华社．中共中央国务院印发《关于加强和改进新形势下高校思想政治工作的意见》[EB/OL]. [2017-02-27]. http：//www.xinhuanet.com/2017-02/27/c_1120538762.htm.

(2) 中央编译局．马克思恩格斯选集（第1卷）[M]．2版．北京：人民出版社，1995：60.

的，马克思主义人的本质理论对主体人的现实性关注，依赖于对实现主体本质力量的社会实践活动的关注。离开了主体的社会实践活动，也就没有了人与人之间在社会实践活动中所形成的各种社会关系。离开了人的社会实践活动，也就谈不上人的本质。因此，思政课实践育人体现了马克思主义人学理论关于人的本质规定的应有之义。马克思主义人的本质理论为新形势下高校思政课实践育人提供了科学的理论依据。

（二）马克思主义人的价值及其实现理论对思政课实践育人的指导

人的价值及其实现理论是马克思主义人学理论内容的重要组成部分，是马克思主义人学理论在人的本质理论基础上的展开和体现。人的价值反映的是主客体之间的关系，包括人与自身及人与社会的关系。马克思曾指出"'价值'这个普遍的概念是从人们对待满足他们需要的外界物的关系中产生的"[1]。人类通过自己的实践活动来改造客体，以满足人类自身的需要，并不断维持自身的存在和发展。离开了人的社会实践活动，也就无所谓主客体关系，也就谈不上客体满足主体的需要，也就无所谓价值。因此，不只是人的本质是在社会实践中来体现的，人的价值也离不开社会实践活动，人的价值在于人能够从事创造价值的实践活动。人的价值的实现过程也是处在一定社会关系中的人，通过实践活动，将其潜在的价值向现实的价值实现转化的过程。实践是人的价值实现的基础与保证，人只有通过实践活动，才能有效地使用客体，才能发挥自己的潜能，显现出自己的潜在能力与创造力，使其由潜在状态转化为创造客体价值的现实力量。社会实践性是马克思主义价值实现范畴的重要特征，离开了社会实践活动，任何人的价值都不可能实现。人的价值实现还依赖于主体的综合素质及一定的社会条件，而主体综合素质的提升与社会条件的获得，也是在实践过程中进行和完成的。

---

(1) 中央编译局. 马克思恩格斯全集（第 19 卷）[M]. 北京：人民出版社，1963：22.

马克思主义人的价值理论强调，主体进行创造价值以满足自身需要的社会实践活动是在一定的社会关系中进行的。当个人作为主体时，满足其需要的社会和他人就成为了客体，这种情况下客体对主体的价值属于自我价值范畴。而当他人与社会作为主体时，满足他人与社会需要的个人就成为了客体，这种情况下客体对主体的价值即个人对社会的贡献和付出，则属于社会价值范畴。人的社会价值与自我价值辩证统一，共同构成了人的价值。因此，在社会实践活动中体现出来的个人的价值创造活动离不开一定的群体或者集体，这就要求价值创造中的主体要正确处理好个人与社会、个人与集体、个人与他人的关系，坚持集体主义价值原则，确立正确的人生价值取向与奋斗目标，反对极端个人主义。思政课实践育人，正是让大学生在思政课理论学习的基础上，去关注现实，了解国情，服务社会，增强社会责任感，获得对人的价值及实现的正确认识。为成为社会发展所需要的“又红又专、德才兼备、全面发展的中国特色社会主义合格建设者和可靠接班人”[(1)]奠定良好基础。

（三）马克思主义人的自由而全面发展理论对思政课实践育人的指导

人的自由而全面发展理论是马克思主义人学理论的重要内容，是马克思主义理论的最终价值诉求，在马克思主义理论体系中居于核心的地位。实现人的自由而全面发展是马克思、恩格斯创造性地构建未来社会发展蓝图的最高价值目标，也是马克思、恩格斯关于人的终极人文关怀的归宿和最终落脚点。关于人的全面发展，马克思认为：“人以一种全面的方式，也就是说，作为一个完整的人，占有自己的全面的本质。”[(2)]马克思所说的全面发展，是人的多方面的全面发展，包括人的多方面能力的全面发展、

（1）新华社．中共中央国务院印发《关于加强和改进新形势下高校思想政治工作的意见》[EB/OL].[2017-02-27].http：//www.xinhuanet.com/2017-02/27/c_1120538762.htm.

（2）中央编译局．马克思恩格斯全集（第42卷）[M]．北京：人民出版社，1982：123.

人的社会关系的全面发展、人的需要与个性的全面发展等。从能力方面来看，既包括人的体力和智力，也包括人的现实能力与潜在能力。从人的需要来看，既包括人的物质需要，也包括人的精神需要。从社会关系来看，不只包括经济的关系、政治的关系，同时也包括了人的道德关系及交往关系等。思政课实践育人的施教主体是大学生，培育“又红又专、德才兼备、全面发展的中国特色社会主义合格建设者和可靠接班人”(1)，是高校思政课实践育人的目标和方向，是马克思主义关于人的自由而全面发展理论所涉及的育人目标，在中国特色社会主义建设的新的历史时期的具体体现，人的自由而全面发展理论为思政课实践育人提供了重要的理论指导。

人的自由而全面发展的途径仍然是人的社会实践活动。不管是每门思政课的分课程实践，还是思政课的总实践，以及思政课与其他教育教学的协同实践，都可以让大学生在社会实践活动中，得到多方面的锻炼，发展多方面的能力，提高多方面的素质。在社会实践中，大学生走出课堂，走出校园，走进现实，走向社会，带着对社会现实问题的关注，带着对理论学习的思考，深入农村与社区，回到家乡与村镇，去观察、分析和解决社会现实问题，在社会实践中可以进一步加深对习近平总书记系列重要讲话精神的理解，可以进一步深化对习近平总书记治国理政新理念、新思想、新战略的领会和掌握，可以进一步坚定中国特色社会主义共同理想信念。

三、思政课实践育人的价值功能

作为思政课教学重要组成部分的思政课实践教学，在高校育人中占有重要的地位，具有重要的价值功能。具体包括以下几个方面：

(1) 新华社. 中共中央国务院印发《关于加强和改进新形势下高校思想政治工作的意见》[EB/OL]. [2017-02-27]. http：//www.xinhuanet.com/2017-02/27/c_1120538762.htm.

（一）思政课实践育人对思政课理论教学的促进作用

思政课实践教学形式的出现及加强的目的，不是为了削弱思政课的理论教学，更不是要代替思政课理论教学，而是为了增强思政课教育教学的实效性，更好地体现思政课理论联系实际学习方法的贯彻运用，更好地服务大学生成长成才的需要。一方面，在实践中，大学生可以更好地把在课堂上学到的理论与实际相结合，加深对马克思主义的理论价值和现实力量的理解。另一方面，思政课育人是以马克思主义人学理论为指导的全面的育人，思政课课堂理论教学具有实践教学不可替代的重要价值，实践教学也具有理论教学所不能替代的重要地位，思政课教学只有做到以理论教学指导实践教学，以实践教学促进理论教学，才能达到科学育人与全面育人的目的和效果。比如，在“马克思主义基本原理概论”的课程实践中，任课教师让大学生结合各自的专业学习、校园生活及对社会现实问题的关注等多方面问题而选取调查主题，并以马克思主义基本原理为指导展开调查，并结合所学马克思主义基本原理，撰写实践报告或小论文。学生带着现实的问题去运用理论，也根据理论的思维去观察、分析和解决现实的问题。思政课的分课程实践与所开课程安排在同一个学期，分课程实践教师与理论教师为同一人，这样，学生把在调查中所获得的理论认识及需要进一步思考的问题，又从实践带回到了理论课堂，带着问题来学习，可以获得好的教学效果。这正是思政课实践育人促进理论教学的具体体现。

（二）思政课实践育人对大学生专业学习的促进作用

思政课实践教学不仅对思政课理论教学具有促进作用，而且对大学生学习其他专业课也有促进作用。思政课实践具有很强的具体性、现实性、针对性、团队性等特点。学生在实践过程中，不是停留在课本的知识点本身，而是在自己已有的知识结构基础上，结合所学思政课理论，带着自己的兴趣点和现实关注点去实践，并且思政课教师会鼓励学生将思政课实践与自己所学的专业相结合。这样，学生可以选择与自己所学专业相关的问题去调研，把自己所学的思政课理论与自己的专业发展相结合，达到思政课实践与专业发展相互促进的效果。在学生参与实践的过程中，学生可以学到如何设计调查问卷，如何进行调查，如何收集数据，如何进行数据统计，如何撰写调查报告等，在完成思政课实践的同时，学生学会了具有一般意义的社会调研方法，这给学生学习专业课，进行专业课社会调查研究打下了基础。同时，思政课实践也鼓励学生进行团队合作，学生在思政课实践中体验到了团队合作的力量，培养了团队合作精神、团队合作意识及团队合作习惯，这对学生参与专业课团队项目研究工作起到了很好的促进作用。因此，思政课实践育人不是与其他专业课去争学生和争时间，而是从知识、技能、价值理念等多方面对其他专业课学习和学生专业发展的促进。

（三）思政课实践育人对大学生党团活动的促进作用

在大思政背景下，学生作为学校整体育人的主体，会联系着多个职能部门，不管从哪个方面去影响学生，最终针对的都是学生。因此，各个部门只有协同创新、通力合作，才会取得好的育人效果。大学生党团活动是对学生进行思想政治教育的又一重要渠道，在党团活动中，学生不仅在学习做事，也在学习做人，这与思政课实践育人是一致的。因此，思政课教师在完成有专属思政课学分要求的实践教学基础上，又参与了指导大学生党员活动等的实践指导，这也是广义的思政育人内容。比如，思政课教师带领学生去做学习李保国事迹的调研、精准扶贫问题的调研、生态环境保护的调研、基层党建的调研，等等。大思政背景下广义的思政课实践育人不是书本理论的简单延伸，不是学生被动地接受任务，而是以马克思主义人学理论为指导，是学生主动性、创造性的发挥，是学生的积极自主选择。在这个过程中，学生不仅会在知识上得到体验与运用，还会将所学理论内化为自身的信念。这有利于促进学生党团活动的开展。

（四）思政课实践育人对大学生未来就业的促进作用

思政课实践育人不但重视学生思想道德素质的提高，也重视学生综合能力和水平的提高。在思政课实践中，学生不仅需要面对实践所涉及的社会和生活问题，也需要去接触人，处理与实践活动相关的人与人之间的关系。在这个过程中，不论是对现实问题的解决还是对社会关系的处理，都会给大学生带来成长与发展。通过思政课实践教学，学生走出了课堂，在实践中加深了道德认知，增强了社会责任感与使命感等道德情感认同，也培养了学生服务社会的多种能力，从而为学生未来投身社会，成为“又红又专、德才兼备、全面发展的中国特色社会主义合格建设者和可靠接班人”打下了良好的基础。

总之，马克思主义人学理论为新时期思政课实践育人提供了科学的理论指导，在大思政背景下，思政课实践育人与其他多种育人方式都是新时期做好高校思想政治工作的重要组成部分，正确理解思政课实践育人的内涵，正确把握思政课实践育人的多方面功能，正确处理思政课实践育人与其他育人形式之间的关系，让思政课实践育人成为促进高校思想政治工作顺利进行的有效形式与手段，是高校思想政治理论课建设的重要内容，也是高校思想政治理论课教师的责任和担当。

马克思主义生态观融入思政课实践教学探析

——以“马克思主义基本原理概论”课程为例

崔赞梅

在我国加快推进生态文明建设的新形势下，必须坚持马克思主义生态观的指导地位，积极培育生态文化和生态道德，提升全民的生态文明素养。青年大学生是我国未来生态文明建设的人才支撑，正处于世界观、人生观、价值观确立的关键时期，大学生生态文明意识的培养将深刻影响整个社会对生态文明的认知。思想政治理论课是高校立德树人的主渠道，培养大学生的生态文明意识、生态道德素养应该成为当下思政课建设体系创新计划的重要内容。目前，学界对这方面的研究较少，本文将以马克思主义基本原理概论课程为例，对马克思主义生态观融入思政课实践教学做一些初步的探索。

一、马克思主义生态观的主要观点

马克思主义生态观是马克思主义理论体系的重要组成部分。虽然在马克思主义的著作体系中，没有关于生态问题的专门论述，但在马克思主义的唯物辩证法、历史唯物主义，以及政治经济学中均含有丰富的生态思想。梳理马克思主义生态观主要包括以下主要观点：

（一）人与自然相互依存、相互统一

马克思主义认为，人是自然界的一部分，人依赖于自然提供最基本的生存资料，自然相对于人而言具有先在性。在马克思看来，“没有自然界，没有感性的外部世界，工人什么也不能创造”。他将自然界比作人的“无机的身体”，认为“人靠自然界生活”，“自然界是人为了不致死亡而必须与之处于持续不断的交互作用过程的、人的身体”。同时，人类的意识活动也是作为自然存在的大脑的机能，它所反映的也是外在的客观物质世界。可见，人与自然是相互依存、相互统一的，人依赖于自然又反映自然。

（二）人类改造自然必须遵循客观规律

物质决定意识，意识对物质具有反作用。人类作为一种自然存在，并不是一味地听从自然的摆布，在意识的支配下，人类通过实践活动改变着自己的生存环境。正如列宁所说，“世界不会满足人，人决心以自己的行动来改变世界”。但是，人类对自然的改造必须要遵循客观规律，这是人类意识发挥作用的前提。否则，蔑视客观规律，在自然面前肆意妄为，必然会受到自然的惩罚。恩格斯曾经深刻地警示人类：“我们每走一步都要记住：我们决不像征服者统治异族人那样支配自然界，决不像站在自然界之外的人似的去支配自然界——相反，我们连同我们的肉、血和头脑都是属于自然界和存在于自然界之中的；我们对自然界的整个支配作用，就在于我们比其他一切生物强，能够认识和正确运用自然规律。”人类只有客观认识自然规律，并懂得在尊重规律的前提下能动地改造自然，才能达到认识世界和改造世界的目的。

（三）人与自然统一的基础是人类的实践活动

实践使人从自然界中分化出来，并以更加能动的方式改造着自然界，使自然界日益区分为自在自然和人化自然，人类也在这种实践活动中同时发展着相互交往、共同活动所形成的各种关系，形成人类社会。实践是人、人化自然、人类社会产生的基础，“人与自然的关系是在实践中形成的、始终处于一定社会关系中的、纳入了社会过程的物质和能量的交换关系”。在这种交换关系中，人与自然达成了统一。一旦人类的劳动实践发生异化，即劳动产品变成一种异己的存在同劳动相对立，人的无机的身体即自然界就会被夺走，人与自然的统一也随之被打破。

二、马克思主义生态观融入思政课实践教学的理论基础

马克思主义生态观融入思政课实践教学的理论基础是马克思主义认识论的基本原理。马克思主义认识论是关于认识、实践、真理、价值的本质及其相互关系的理论，它与以往的认识论相比最大的特点在于，将科学的实践观引入认识论，并系统地阐明了认识与实践的辩证关系。马克思、恩格斯在批判旧唯物主义时曾指出：“从前一切唯物主义（包括费尔巴哈的唯物主义）的主要缺点是：对对象、现实、感性，只是从客体的或者直观的形式去理解，而不是把它当作感性的人的活动，当作实践去理解，不是从主体方面去理解。”实践的观点是马克思主义认识论的核心，实践与认识的辩证关系是马克思主义生态观融入思政课实践教学的主要理论依据。

第一，实践是认识产生和发展的基础，认识来源于实践又服务于实践。

实践是人区别于其他动物的根本性活动，人的大脑在这种客观物质性的活动中不断反映着外在世界形成认识，最初的感性认识经过不断地积累、总结，上升为理性认识，最终又服务于实践，指导人类实践活动的不

断完善。马克思主义生态观作为一种哲学认知不能仅停留在学生的头脑中，最根本的是要服务于学生的生态实践。思政课实践教学则为学生提供了最切合实际的生态实践机会，从而加深对马克思主义生态观的理解，同时形成与切身实践紧密相关的新的生态认知。

第二，实践是认识发展的目的，也是认识进一步发展的动力。

实践不但是认识产生的基础，而且是认识进一步发展的动力和最终归宿。认识自实践中来，在实践中不断地检验、发展，由感性认识上升到理性认识，并进一步指导实践。实践中遇到的各种困境迫使人类不断提升自己的认知能力，实现认识上的飞跃，从而创造新的伟大实践。马克思主义生态观融入思政课实践教学，符合认识的发展规律，看到了实践与认识之间的相互促进作用，有助于形成生态观与生态实践之间的良性互动，提高生态教学的实效性。

第三，实践是检验认识真理性的唯一标准。

评判一种认识是否具有科学真理性，就要回到社会实践中接受实践的检验。“判定认识或理论之是否真理，不是依主观上觉得如何而定，而是依客观上社会实践的结果如何而定。真理的标准只能是社会的实践。”鉴于此，马克思主义生态观不能仅满足于进教材、进课堂、进头脑，更重要的是要融入思政课实践教学，引导学生走入实践，使头脑中的生态理论接受实践的检验，才能坚定正确认知、纠正错误认知、升华真理性认知。

三、马克思主义生态观融入思政课实践教学的路径

我们在梳理了马克思主义生态观的核心观点、探讨了其融入思政课实践教学的理论基础，回答了“是什么”和“为什么”的问题后，接下来，将进一步探讨马克思主义生态观如何融入思政课实践教学，即“怎么做”

的问题。这也是我们研究的重点，主要从思政课课堂教学、思政课实践教学的主体、课堂教学与实践教学的互动关系三个方面进行探讨。

（一）马克思主义生态观融入思政课实践教学的前提

马克思主义生态观融入思政课实践教学有一个前提条件，即必须首先融入思政课课堂教学。只有将马克思主义生态观融入思政课教学体系，使思政课课堂生态化，才有可能培养大学生的生态意识。下面以马克思主义基本原理概论课程为例，探讨马克思主义生态观融入思政课课堂的具体路径。

首先，阐明马克思主义唯物论和辩证法中的生态思想。马克思主义唯物论和辩证法蕴含着关于自然的根本看法，即世界是由物质组成的、物质是相互联系和运动的、物质的运动是有规律的。人是自然界的一部分，自然相对于人而言具有先在性。这种科学的自然观有助于以生态的眼光看待世界，尊重物质和自然，重视人与自然之间的联系、发展、矛盾及运动。这种对马克思主义基本原理中生态思想的挖掘，有助于学生在课堂上树立科学的生态意识。

其次，阐明马克思主义认识论中的生态思想。马克思主义认识论将科学的实践观引入认识论，系统地论述了实践基础上人与自然的关系，并将这种关系看成是在人类的实践活动中形成的、纳入了社会过程的物质和能量的交换关系。在这种交换关系中，产生了人的认识，改造了自然，达成了人与自然的和谐相处。原理课教学要注意引导学生以生态的眼光看待人类实践的重要意义，从而约束自己的实践行为，使日常实践活动生态化。

再次，阐明历史唯物主义中自然与社会的关系。历史唯物主义科学地回答了社会存在与社会意识、生产力与生产关系、经济基础和上层建筑的关系，将社会存在看作是人类社会存在和发展的前提和基础。尤其是物质生产方式，即“人们为获取物质生活资料而进行的生产活动的方式”，是社会历史发展的决定力量。就像马克思在《资本论》中所提到的，手推磨产生的是封建主为首的社会，蒸汽机产生的是工业资本家为首的社会。在这种人与自然的物质和能量的不同交换方式中，形成了不同的生产关系，从而决定了不同的社会结构和社会形态。反过来，社会存在又会受到社会发展状况的制约，不同的社会形态影响着人们对自然的认知，也限制着人与自然物质能量的交换方式。对历史唯物主义中自然与社会关系的深刻认识，将有助于学生明辨生态问题与社会制度之间的内在关联。

（二）马克思主义生态观融入思政课实践教学的关键

马克思主义生态观融入思政课实践教学，最关键的是要融入作为实践教学主体的学生的主体意识，即真正使学生树立起马克思主义生态意识，从而自觉地参与生态化的思政课实践教学。

首先，帮助学生树立尊重自然、尊重生命的生态意识。通过马克思主义自然观的学习让学生真正明白，自然界的万事万物都是相互联系不断发展的，它们共同构成了人与人类社会存在的自然前提，为人类提供衣食住行等最基本的生活资料，所以要尊重自然、尊重生命，要将自然作为人的“无机的身体”来珍惜和保护。其次，引导学生在充分认识自然的基础上，与自然建立和谐的关系。使学生不但懂得尊重自然，而且在自然面前能够正确地运用自然规律，合理利用自然，使自然能够为人类的生产和生活服务，从而使人与自然达成一种动态的和谐与平衡。再次，帮助学生正确理解自然与社会的关系。通过对历史唯物主义的学习，引导学生认识以物质生产方式为媒介的自然与社会的关系，从而进一步认识不同的社会制度与当今生态问题的内在关联。通过资本主义的本质及规律、发展及趋势的讲解，使学生认识到，资本主义社会建立在资本逐利基础上对自然的掠夺和摧残，引发了日益严峻的人类生态危机。通过社会主义的发展及其规律、共产主义崇高理想及其最终实现的学习，让学生意识到，人类生态问题的最终解决有赖于社会制度的根本变革，有赖于建立在人与自然和谐发展基础上的人类实践活动的真正回归。而只有在共产主义社会才能实现人道主义和自然主义的完美结合，即马克思所说的：“这种共产主义，作为完成了的自然主义，等于人道主义，而作为完成了的人道主义，等于自然主义。”

（三）思政课生态课堂教学引领生态实践教学

思政课课堂教学与实践教学是一个统一的整体，前者是后者的前提和基础，后者又是前者的拓展和深化。思政课课堂教学的生态化有助于引领实践教学走向生态化。

首先，课堂实践的生态化。课堂实践是紧随思政课理论课堂的主题实践活动，往往以演讲、讨论或者辩论的形式展开。马克思主义生态观融入思政课堂，将培养学生的生态意识作为理论教学的一个重要目的贯穿教学的始终，从而在课堂实践活动主题的拟定上，遵循一种生态原则，使课堂实践生态化。

其次，课外校园实践的生态化。课外校园实践是思政课实践教学的重要内容，与思政课课堂教学相互支撑。虽然没有课堂实践的直接、即时，但课外校园实践往往是针对课堂教学过程中的重点、难点，或者是学生感兴趣的理论问题进行实践验证，对思政课课程的学习起着至关重要的作用。因此，如果能引导学生在课外校园实践中积极探索人与自然的关系、社会与自然的关系，将有利于学生生态意识的培养和生态实践习惯的养成。

再次，校外社会实践的生态化。校外社会实践往往以思政课教学总的实践活动的形式呈现，一般安排在寒暑假，以课程小组的形式由老师带队调研。这种思政课实践教学的宗旨就是引导学生进入社会实践的大环境，通过社会调研、社会志愿服务、社会访谈等形式开阔学生的视野，使学生将所学理论知识同有针对性的社会实践活动紧密结合起来，不仅深化了对知识的理解，而且将内在的理论信念外化于行，达到知行合一的目的。此时，如果能引导学生将生态化的思政课堂融入社会实践中，在马克思主义生态观的引领下从事一些生态环境保护方面的调研工作，或者是环保知识的积极宣传工作，不但可以增强学生的生态意识，使校外社会实践生态化，而且还可以对整个社会起到示范效用，有利于在全社会培育和弘扬一种生态价值观。

四、马克思主义生态观融入思政课实践教学的价值与意义

在我国加快推进生态文明建设的新形势下，立足高校立德树人的主渠道，探索将马克思主义生态观融入思政课实践教学，不仅对于思政课自身的改革创新有着重要价值，而且有利于培养大学生的生态意识，这不仅关系到大学生自身的全面发展，更重要的是关涉到全民族生态文明理念的确立和生态素养、生态道德的整体提升，关涉到中国特色社会主义生态文明建设事业后继有人。

（一）促进思政课整体教学的生态化与一体化

将马克思主义生态观融入思政课实践教学可以促进思政课整体教学的生态化和一体化。思政课教学作为高校立德树人的主渠道，教学理念、教学形式和方法手段应该随着时代的发展而不断改革创新，才能增强思政课教学的时代感和实效性，培养与社会发展相适应的德才兼备的人才。十八大以来，在我国加快推进生态文明建设的新形势下，思政课教学理应紧贴社会的实际需求，将马克思主义生态观融入思政课课堂及实践教学，积极培养大学生的生态意识和生态道德，促进思政课整体教学的生态化；积极建构以生态化的马克思主义基本原理概论课程为理论支撑的一体化的思政课教学体系。

（二）培养学生的生态意识，促进学生全面发展

马克思主义生态观融入思政课实践教学，对于培养大学生的生态意识意义重大。大学生正处于世界观、人生观、价值观形成的关键时期，他们需要思想引领和价值引导。此时，如果以科学的马克思主义生态观唤起他们对于生态和正义的希冀和追求，教给学生如何正确地看待自然、看待人与自然、社会与自然的关系，以人道主义的博大情怀对待生态环境。势必使生态理念在学生的心中扎下根，并在这种生态意识的引导下，积极加入思政课课堂实践、课外校园实践和校外社会实践，使得他们在人生最重要的时代——学生时代就培养起了正确的生态价值观，必将有利于学生的全面发展和健康成长。

（三）培养生态文明理念，树立生态文明风尚

马克思主义生态观融入思政课实践教学，可以激发学生对生态和正义的追求，使生态意识潜移默化地融入他们的内心深处，这种在学生时代所培养的生态文明理念将会影响他们的一生。同时，大学生是我国青年一代的精英群体，他们不但有知识，更加有激情。他们在思政课课堂上所培养的生态意识一旦融入社会实践，势必会有很好的宣传示范效应。思政课教师尤其可以引导学生做一些环保方面的调研、环保知识的宣传等，可以借助网络自媒体等现代媒体和途径提升宣传效果，从而有利于提升全社会的生态文明素养、树立生态文明新风尚。正如《中共中央国务院关于加快推进生态文明建设的意见》中所指出的：“从娃娃和青少年抓起，从家庭、学校教育抓起，引导全社会树立生态文明意识。”这将为我国的生态文明建设奠定良好的思想基础、力量基础和氛围基础。

【参考文献】

[1] 中共中央马克思恩格斯列宁斯大林著作编译局.马克思恩格斯文集（第

1 卷，第 9 卷）[M]. 北京：人民出版社，2009.

[2] 中共中央马克思恩格斯列宁斯大林著作编译局 . 列宁专题文集：论辩证唯物主义和历史唯物主义 [M]. 北京：人民出版社，2009.

[3] 毛泽东 . 毛泽东选集（第 1 卷）[M]. 北京：人民出版社，1991.

[4] 马克思主义基本原理概论编写组 . 马克思主义基本原理概论 [M]. 北京：高等教育出版社，2015.

[5] 中共中央国务院关于加快推进生态文明建设的意见 [N]. 人民日报，2015-05-06.

[6] 关于加强和改进新形势下高校思想政治工作的意见 [N]. 人民日报，2017-02-28.

[7] 张进蒙 . 马克思恩格斯生态哲学思想论纲 [M]. 北京：中国社会科学出版社，2014.

[8] 刘增惠 . 马克思主义生态思想及实践研究 [M]. 北京：北京师范大学出版社，2010.

[9] 陶火生 . 马克思生态思想研究 [M]. 北京：学习出版社，2013.

[10] 张旭 . 将马克思生态观纳入马克思主义理论教学的探讨 [J]. 教育教学论坛，2015（3）：147-148.

[11] 房玫 . 学生自讲互评：“马克思主义基本原理概论”课实践教学的有益形式 [J]. 思想理论教育导刊，2014（12）：80-82.

[12] 双叶 . 在高校学生中推进马克思主义生态观大众问题研究——以内蒙古高校为例 [D]. 呼和浩特：内蒙古农业大学，2015.

[13] 贾樱 . 大学生马克思主义生态观教育研究 [D]. 重庆：重庆工商大学，2015.

树立“大课堂”观念，在实践教学中贯彻思想政治教育

邢顺福

改革开放三十多年来，中国社会进入了快速发展的轨道，社会各方面发生了巨大的变化，在综合国力及人们的物质生活水平和精神生活等各方面取得了举世瞩目的成就。但同时也要清楚地认识到，中国进一步的改革也面临着一系列新的更加尖锐的矛盾和挑战，改革进入了深水区。在党的十八届三中全会上颁布的《中共中央关于全面深化改革若干重大问题的决定》，吹响了全面深化改革的进军号角。改革的全面深化需要一大批政治思想坚定、观念意识先进和业务能力过硬的新型人才涌现出来。高等院校无疑在实现中华民族的伟大复兴和推进全面深化改革中承担着培养合格人才的重大历史责任。在 2016 年召开的全国高校思想政治工作会议上，习近平总书记强调指出：“把思想政治工作贯穿教育教学全过程，实现全程育人、全方位育人，努力开创我国高等教育事业发展新局面。”[(1)] 习近平总

(1) 吴晶，胡浩 . 习近平：把思想政治工作贯穿教育教学全过程 [EB/OL].[2016-12-08]. http：//www.qq.com/a/20161208/033976.htm.

书记的讲话给新的历史时期高等教育的全面深化改革指明了前进方向，提供了新理念和新思想。高等院校作为向社会提供人才主要的最后出口，培养的人才不仅要具备系统先进的科技知识，而且必须能坚持正确的政治方向，具备马克思主义的政治觉悟和社会主义道德修养。高等院校的思想政治理论课处于全面深化改革的最前沿。

一、树立“大课堂”观念，把“两个课堂”有机统一进来

教育不仅是一种活动，而且也是一个过程。狭义地讲，教学过程就是教学活动从启动、发展和结束在时间上的依次展开。教学活动是学生在教师的传授和引导下，在较短时间掌握人类已知的科技和文化知识的过程。教学过程也是一种有目的、有计划的认识过程，但教育活动的特殊性在于其认识和改造的对象是学生，是一个实实在在的、有知情意的人，教育是要把学生培养成才的过程。教育的任务并不仅仅是传授给教育对象知识，而且在传授知识的同时，也伴随着学生生理、心理的成长和社会化的过程。因此，对教育教学过程必须作广义的理解。教育教学全过程，不仅包括课堂教学，也包括课下生活的教育；不仅包括知识的传授，也包括对学生身心健康的教育；不仅包括学校内的教育，也包括学生社会化的教育过程。古今中外教育思想中都有着丰富的教育教学过程的思想。儒家教育思想不仅强调“学而知之”，而且强调“学而时习之”，这里的“习”，不仅仅是复习、练习的意思，而且有运用知识于社会生活和生产实践的深刻内涵。虽然在中国传统哲学与教育中对“知”与“行”的关系争论颇多：知难行易或行难知易；先知后行或先行后知。但大都认为知与行是一个统一的过程。教育教学不能仅仅停留在知识层面的传授上，必须重视学生对知识的运用和应用能力的培养。马克思主义更是强调实践在认识中的决定作

用。毛泽东说过："实践的观点是辩证唯物论的认识论之第一的和基本的观点。"(1) 并且强调，"一个正确的认识，往往需要经过由物质到精神，由精神到物质，即由实践到认识，由认识到实践这样多次的反复，才能够完成。"(2) 马克思主义对认识过程这一规律的阐述，为教育教学全过程提供了科学的方法论基础。由此可见，教学与实践是教育教学全过程的重要组成部分和不可或缺的重要环节。在当今，随着社会主义市场经济体制的逐步确立和完善，社会对大学毕业生的素质和能力提出了更新、更高的要求，人们不仅看重体现大学生知识水平的学历文凭，而且更加重视他们应用知识的"即插即用"的能力，这就对高等院校针对大学生的培养提出了新的挑战。学校不仅要抓好课堂内的教学活动，提高传授知识的效率和效果，而且也要把课堂外的社会实践活动切实地开展起来，增强和锻炼学生应用和运用知识的能力。树立"大课堂"的观念，把学校课堂内的教育与课堂外的社会实践有机地统一起来。

教育教学全过程不仅是在时间上的全覆盖，而且也包括教育教学内容上的全方位。教育教学全过程不单是传授与学习文化科学知识，同时也是促进学生在各方面全面成长的过程。作为教育活动的对象，学生首先是一个生活在一定现实社会中的人。他们身上不仅具有一定的知识性的理性因素，而且也有着丰富的情感和意志的非理性因素，而且非理性因素对学生的学习活动的进行具备激活、驱动和控制作用。学生是否具备美好的心境、坚强的意志和饱满的热情，往往都会对其学习效果和对世界的探究活动起着不容忽视的作用。这就要求教师在传授学生知识的同时，注重激发其强烈的学习兴趣，培养其良好的学习习惯，促成其独立自主的学习能力以及从事创造性活动的能力。不仅如此，学生的行为必然会受其世界观的

(1) 毛泽东 . 毛泽东选集（第 1 卷）[M]. 北京：人民出版社，1991：284.
(2) 毛泽东 . 毛泽东选集（第 8 卷）[M]. 北京：人民出版社，1999：321.

支配，教师在引导学生学习理论知识的过程中，更要注重培养学生树立辩证唯物主义世界观和共产主义道德品质。这不仅是一个培养什么人的问题，而且是一个为谁培养人的大问题。高等院校培养的学生能否为中国的改革开放和社会主义现代化建设服务，大学生具有坚定的政治立场、高尚的理想信念和社会担当意识至关重要，这对我国进一步全面深化改革、巩固和发展中国特色社会主义制度具有重大意义。因此，高等院校教育教学活动不仅要搞活课堂内的封闭教学，也要搞好社会实践这一课堂外的开放教学，把两个课堂有机地统一起来。

二、高等院校要把思想政治教育延伸到社会实践教学过程之中

教学作为学生与教师的互动过程，主要活动是在教室内进行的，课堂教学是教育教学过程的主渠道和主阵地，但课堂外的实践教学同样重要。在我国当前，许多学校都非常重视实践教学，这对学生丰富社会经验、提高学生工作能力无疑是非常必要的。有的学校如某些高职高专院校在大学一、二年级进行理论课的教学，第三年专门抽出时间让学生进行实践实习。这样培养的学生在社会上受到了广泛的欢迎。他们不仅具备一定的理论知识，而且到工作单位后能马上胜任工作岗位的要求。也有些高等院校在理论教学时间中抽出一定比例，增加课内教学实践环节，也大大提高了学生的实践能力，为学生毕业以后就业打下了良好的基础。但在实践教学中，思想政治教育工作如何开展，却是教育教学过程的一个新问题。有的学校过于重视学生实践能力的锻炼，而忽视了对学生思想政治的教育；有的学校虽然也对学生思想政治教育提出了一定的要求，但由于学生实践活动的特殊性，学生的思想政治理论学习也是流于形式；更有甚者，认为思想政治教育是课堂内的事，社会实践主要是增加学生的社会经验、培养学

生的业务能力和工作能力，思想政治教育工作可有可无。在实践教学中思想政治工作缺位的情况需要引起高校思想政治工作者的重视。

思想政治教育工作要内化于心外化于行。青年大学生的素质尤其是思想政治素质如何，关系到我国能否实现全面建成小康社会、实现中华民族伟大复兴的重大问题。高等院校必须抓紧、抓好青年大学生的思想政治工作。高校思想政治教育工作就是高等教育工作者通过一定的方式和方法把正确的思想和理论让被教育者接受的过程。在我国，马克思主义作为无产阶级争取自身解放和整个人类解放的科学理论，作为科学的世界观和方法论，是我们党领导人民进行中国特色社会主义建设的指导思想。在高校思想政治工作中，首要的工作是要坚持马克思主义指导地位。马克思主义基本原理既不是圣经，也不是教条。马克思主义、毛泽东思想和中国特色社会主义理论体系是一个完整而严密的理论体系。高校思想政治教育工作者必须充分利用课堂这个教育的主阵地，把马克思主义理论完整、准确地传播给广大学生。由于马克思主义的学问博大精深，而且理论性很强，甚至有些抽象，学起来会让学生感到枯燥，因此广大教师要充分利用各种教学手段和方法，不断创新教学方式，使学生入耳入脑，内化为自己的信念。但仅仅如此是不够的，让马克思主义也深入学生的心里，并外化为自觉的行动，这就必须把马克思主义教育延伸到学生的社会实践教学中。只有通过切身的实践活动，才能把马克思主义的信念固化为自己的世界观，转化成学生用马克思主义分析问题和解决问题的能力，通过实践形成科学的思维方式，并养成良好的思想政治行为的习惯。

思想政治教育工作要把握教书育人规律，在教育教学全过程中育人。在社会主义市场经济体制的历史条件下，如何培育合格的大学生，使他们成为业务上过硬、政治上合格的科技人才，为社会主义现代化建设服务，是摆在广大高校教育工作者面前的历史重任。教师在教学过程中不仅要传授知识和培养学生能力，而且要自觉地对学生进行思想政治教育和道德品质教育，引导他们树立科学的世界观和革命人生观，成为德才兼备的人才。通过课堂教学，许多大学生对马克思主义理论知识都有了一些了解，对其中的一些基本概念、原理也有了或深或浅的理解，考试成绩表现也不错。但一到现实生活中遇到实际问题时，就不能做到用马克思主义的立场、观点和方法去看待问题和解决问题，说明许多学生并没有真正领会马克思主义基本理论的精髓和实质，也不能自觉把马克思主义作为自己学习和科研活动的指南。而且，马克思主义理论的应用也不是一个照搬照抄、简单套用的过程。这就需要高校必须将马克思主义理论教育延伸到学生的社会实践过程中，通过学生社会生活和生产的实践体会来加深对马克思主义基本理论知识的理解，引导学生自觉地、正确地运用马克思主义这一认识世界和改造世界的伟大工具。特别是在当前复杂多样、变幻莫测的国内国际形势下，坚持正确的政治立场和科学的思维方式和分析方法显得更加重要，这种能力和素质需要通过理论学习和社会实践之间反复的互动才能形成。因此，高校思想政治教育既不能放松课堂内对学生马克思主义理论知识的教育和宣传，更要加强对学生在实践环节中运用和应用马克思主义原理的指导和引导，帮助学生形成真正用马克思主义观察世界和指导自身实践的能力，使马克思主义教育落在实处。

把握人才成长特点，在实践教学中巩固大学生马克思主义的世界观和价值观。高等教育的根本任务是把广大大学生培养成政治立场坚定、道德品质优良和业务能力突出的人才。因此高等教育必须遵循人才成长规律，把握当代大学生成长特点，结合他们所处的时代特点，有的放矢，促使当代大学生成为中国特色社会主义共同理想的坚定信仰者、社会主义核心价值体系的积极践行者和合格的社会主义现代化的建设者。人才成长有着其自身的规律，但高等院校思想政治教育面对的大学生有着其自身的特殊性，他们的成长有着不同于中小学生成长的特殊性。从他们所处的客观社会环境上来讲，市场经济的发展和商品意识的增强，许多大学生更加关注眼前利益，功利心越来越强，有的人忽视或轻视对理论知识特别是马克思主义理论的学习，在成长过程中好高骛远，不思踏实努力学习。有的人在对待马克思主义的态度上或采取实用主义的态度，断章取义；或走形式主义，搞花架子，做表面文章。思想政治教育不仅要在课堂上解决学生思想中这些错误的观点和做法，更要通过学生广泛地参加社会实践，在实践中克服自身行为存在的这些缺点，使他们在实践活动中通过运用马克思主义方法所取得的成功和成果来切身体验到马克思主义的正确性和真理性。从大学生的年龄特点上讲，大学生比中小学生有着更强的主观能动性。他们有自己的主见和思想，他们的知识面也更宽广，因此，他们也不再满足于在课堂内的简单说教。马克思主义要想从思想上触动和打动他们，高校思想政治教育就不能仅仅局限于课堂内理论知识的讲授，还必须发挥和运用课堂外社会实践活动的力量，必须通过实践才能使他们真正领会到马克思主义的正确性，使马克思主义的精髓真正进入大学生的心坎里。因此，高校政治理论课教师必须把握大学生成长的规律性，创造性地在实践教学过程中贯彻马克思主义理论教育，体现出当今社会的时代性，通过贴近社会的实践活动，增强思想政治教育的实效性。

三、把握学科特点，形式多样地在实践教学中贯彻思想政治教育

习总书记提出的“把思想政治工作贯穿教育教学全过程”的思想，对加强马克思主义理论教育的实践教学具有重大的指导意义。当前，高校主要开设了包括中国近现代史纲要（以下简称“史纲”）、思想道德修养与法

律基础（以下简称“基础”）、马克思主义基本原理（以下简称“原理”）、毛泽东思想和中国特色社会主义理论体系（以下简称“毛中论”）以及形势与政策课。完整准确地掌握这几门课的基本概念和基本理论是培养广大学生树立正确的世界观、人生观和价值观的理论基础。在此基础上，通过实践教学，引导学生运用马克思主义理论去正确认识社会，了解国情，加强道德修养，增强大学生的社会责任感和使命感，在实践中巩固马克思主义理论知识的认识和增强对理论的认同。考虑到各门学科内容的特点，实践教学在培养学生的素质上也应该有所侧重，在充分利用现有物质和社会条件的基础上，实践形式也要有所不同。

（一）拉近历史，强化担当精神

“史纲”课主要是通过介绍近代以来中国人民抵御外敌侵略、争取民族独立和推翻反动统治、实现民族解放和富强的历史，达到使学生做到“两个了解”和“三个选择”的教学目的。本门课社会实践的侧重点应该放在使学生了解国史国情、培养爱国情怀、强化其历史担当精神层面上。由于学生在小中学各个阶段都多少经历过历史课程的学习，在大学阶段再学习这些历史知识会在一定程度上缺乏新鲜感，很难激发其学习积极性。因此，“史纲”课除了在课堂内系统介绍中国近现代史的发展过程外，还应鼓励学生走出校门，去探寻历史事件在本地的遗迹，通过对历史遗址和历史事件的考察，学生会感性地体验到历史的飞跃发展，增强对历史课的亲切感，深刻地体会到自己这一代人的历史责任感。如组织学生考察太平天国运动在石家庄西山的遗迹，使学生觉得历史事件就好像发生在眼前；考察石家庄的近代发展历程，再看看今天石家庄的发展现状，学生的心灵就会被石家庄短短几十年发展所取得的成就所震撼。通过“走进身边的历史”实践教学，让学生感同身受，使其既掌握了课本知识，又从内心产生了强烈的历史担当精神。

（二）走进圣地，坚定信仰追求

“基础”课主要通过对学生进行社会主义道德和法制教育，提高学生思想道德修养和增强法制意识。本门课社会实践的侧重点应该放在锻炼学生毅力和培养学生品格方面，坚定学生的信仰追求。对于当代大学生，他们通过书本、网络等多种途径会了解许多法律和道德方面的知识，仅仅课堂内对法律和道德知识的了解并不能促成其道德行为的养成和自觉，“基础”课的教学更应该放在实践教学上。通过实践活动引导学生将内化于心的知识外化于行，变成自觉的首先行为，达到知行统一。如组织学生参观革命圣地等各种活动，力求在实践活动中锻炼其意志品行，让英雄先烈的成长和事迹去感动他们，用榜样的力量在他们心中树起道德的丰碑，树立坚定的政治信仰。

（三）贴近群众，真挚为民情怀

“毛中论”课主要通过介绍中国革命和中国建设的历史发展进程，深刻理解包括毛泽东思想、邓小平理论、“三个代表”重要思想和科学发展观等内容的科学理论体系。本门课的实践教学应侧重于帮助学生深入社会生活，正确了解国情，通过实践增长才干，树立为社会主义建设无私奉献的历史责任感。在加强社会主义建设理论教育的同时，鼓励学生走向社会，通过打工或创业等活动，积极参与到社会主义建设实践中来，增加生产实践经验，建立起与人民群众的情感纽带，深化对党的路线方针政策的认识，从而有效调动课内学习的目的性和主动性。在实践中培养其对社会主义的热爱和提高献身于社会主义建设的热情，这对学生坚定在党的领导下走中国特色社会主义道路的信心和决心有重大作用。

（四）面对现实，树立辩证思维

“原理”课重在讲授马克思主义的世界观和方法论，帮助学生树立科学的思维方式，正确认识整个世界发展的基本规律。本门课的实践应侧重于培养学生发现问题、研究问题和解决问题的能力。通过组织学生开展各种形式的科研活动，掌握有效、实用的科研方法，提高大学生科学研究的能力，使大学生在马克思主义方法论指导下，通过成功解决现实问题从而更加深刻认识到马克思主义的真理性，树立起自觉的辩证思维方式。

高校思想政治理论课实践教学的几点探索

范秀红

高校思想政治理论课就其本质而言具有很强的实践性，因此，加强实践性教学，对提高大学生马克思主义理论与思想政治素质的重要性已毋庸置疑。但是，怎样合理地开展实践教学环节，是每一个从事高校思想政治理论教育的工作者都需要深思的问题。

一、实践教学的含义和特征

（一）实践教学的含义

实践教学是相对于课堂理论教学而言的。所谓实践教学，是指由老师和学生有组织、有目的、有计划地，在课堂理论教学之外进行的各种学习实践活动的总称，是课堂理论教学的进一步发展和延伸。实践教学对于巩固专业理论知识和加深对专业理论的认识、培养具有创新意识的高素质人员、提高思想政治理论课教学的针对性和有效性、促进大学生全面发展与健康成长等方面发挥着重要作用。

（二）实践教学的特征

1. 实践性

实践教学，顾名思义，是通过课外实践活动达到课堂理论教学的效果，所以其实践性是实践教学的本质特征。这也是和课堂理论教学的根本区别。实践出真知，对当代大学生来讲，枯燥的课堂讲授有时未必能让他们产生深刻的体会，而许多事，也只有亲身参加，切身体会，才能真正领悟到其中的真谛。“如果说理论教学更多的是侧重理论知识的获得，那么实践教学则更多的是指向实践能力的获得，是学习者将来顺利参与实践的重要保障。”(1)

2. 开放性

实践教学属于课堂之外的以各种活动为主要形式的教学活动。这种活动方式就决定了实践教学不可能像课堂理论教学那样，需要封闭的空间、统一的教材、统一的要求、统一的时间。它是因地制宜、因时制宜，根据不同学生的不同特点，以校园为中心，以全社会为空间，来合理安排学生课堂之外的时间去开展活动，所以具有开放性的特征。

3. 主体性

实践教学与课堂理论教学的最大不同在于实践教学不再是以教师为中心展开，而是以学生为中心展开，“学生在实践知识的传接中不是单纯的旁观者和执行者，而是以参与者与合作者的身份并通过创造和创新实践方式来学习和运用知识的”(2)。实践中的许多东西并不是预先设计好的统一固定不变的答案，它要求学生独立思考、自主选择，是学生自我实践、自我教育的形式开展。

4. 包容性

实践教学从形式到内容都有很大的包容性。形式多种多样，内容丰富

(1)周建平 . 大学实践教学的变革：情景学习理论的视角 [J]. 高教探索，2009（4）：4.
(2)杨勇，娄淑华 . 高校实践教学：内涵、特性与变革趋势 [J]. 河北师范大学学报，2014（1）：113-118.

多彩，竞赛、表演、辩论、调查、演讲、志愿服务等无所不能，德、智、体、美无所不包。同时，实践教学对参与对象也有极大的包容性，全院、全班的同学可以以小组为形式共同参加一个实践活动，也可以根据自身的情况选择独立完成一种实践形式。

5. 创造性

实践教学不但在内容和形式上多种多样、丰富多彩，而且还具有别具一格、匠心独运，能充分发挥学生创造性的特点，使学生由被动参加到乐意积极参加，并在轻松、热情的状态下达到活动的目的。

二、组织开展思想政治理论课实践教学活动的原则

（一）实践教学与理论教学相结合的原则

开展实践教学的目的，在于培养学生的全面素质和实践能力。因此，实践教学的内容应立足于对理论知识的运用上，教会和培养学生运用已学的理论知识去分析、解释自己身边的一些现象。所以在开展实践教学的过程中，需要注意处理好理论教学与实践教学的关系，既不能脱离理论教学，更不能喧宾夺主，为了实践教学而影响理论教学。应注意实践教学与理论教学内容上的衔接，做到实践教学围绕理论教学而展开、实践教学为理论教学而服务。通过课堂理论教学使学生在对基本概念、基本理论学习掌握的基础上，举办各种形式的实践教学活动，以巩固和深化理论教学所学之理论，“使学生的思维由简单到复杂，由片面到全面，由单一到综合，从而在理论与实践的结合中使学生的理论水平不断提高，不断升华”[(1)]。

（1）熊晞．高校思想政治理论课实践教学模式和长效机制探索 [J]. 思想教育研究，2012（11）：50-53.

（二）教师指导与学生自主活动相结合的原则

课堂理论教学是学校教学活动的一个方面、一个环节。在教学活动中，学生永远是主体，只有把学生的主动性、积极性、自觉性调动起来，才能达到教学活动的目的。实践教学同样如此。但是，实践教学与理论教学又不完全一样，课堂理论教学虽也有多种类型，但大多以教师讲课为主，通过教师的讲授帮助学生理解和记忆理论知识；而实践教学则以每个学生的自主活动为主，在专业教师的指导下，根据每个学生的特点，制订相应的活动方案，分配不同的角色，以充分调动每个学生主动参与的积极性，在提高群体素质的同时，最大限度地激发个体特殊能力的提高。在实践教学中，教师需要做的是正确、及时的引导，以避免学生因受知识水平、社会经历的限制而可能出现的不足和偏差。因此，只有把教师的指导与学生自主活动结合起来，才能提高实践教学的水平和档次，达到教学目的。

（三）教育性与趣味性相结合的原则

实践教学，不仅要注意活动的思想性、专业性和艺术性，结合政治理论课的内容，提高活动的品位和档次，促使学生具有良好的道德品质、职业精神、增强社会责任感，达到提高大学生思想认识的目的，而且也要增强活动的参与性、竞争性和趣味性，做到寓教于乐，使学生自觉自愿参加活动，使社会主义核心价值观内化于心、外化于行，让学生将其入脑、入心，在学习中接受、在接受中感知，在感知中体验，在体验中践行。这就需要活动的主题内容贴近学生现实生活并富有想象力，活动的主要形式生动活泼、新颖别致、形象具体且多种多样，同时要适合学生喜欢竞争、好胜的心理，让活动更具有竞争性，以便于学生可以找到适合自己的方式，亲身参与、亲手操作。总之，只有做到教育性与娱乐性的有机结合才能达到实践教学为理论教学服务的初衷。

（四）实效性与严谨性相结合的原则

实践教学的重要性已成为大家的共识，积极创造条件，更好地、创造性地进行实践教学是思政教育的重要组成部分，势在必行。各地区、学校以及班级在具体实践过程中，既要学习借鉴其他地区、学校、班级的成功经验，也要结合本地区、本学校、本班级学生的客观实际条件，找出自己的特色与优势，制订适合自己的实践方案，讲求实效。另一方面，我们应以严谨的态度对待实践教学，在充分准备的前提下，制定严密而科学的制度，有组织、有计划地进行，以科学的方法引导实践活动，充分利用自身现有的实际条件，利用暑假、寒假、节假日、周末等课余时间，让实践教学在严谨、规范、有保障的前提下开展，使思想政治理论课实践教学与基础课程、专业课程一样，作为学生总体培养目标来规划和实施，以培养学生科学的思维方法和实践能力。不能搞“一刀切”和“一哄而上”，在实践教学中走形式主义。

三、开展思想政治理论课实践教学活动的途径

（一）营造育人氛围、开展富有特色的系列校园文化活动

“校园文化是在学校这一特定的文化环境中，由广大师生在教学过程中所创造的精神财富及其承载这些精神财富的规章制度、实践活动和物质形态的总和。”(1) 丰富多彩的校园文化活动能极大限度地提高学生的思想政治理论素养，对学生树立正确的政治方向有着明显的作用。一个人价值观的形成和发展不仅受当时的政治经济政策和政治经济发展水平的影响，而且也受家庭环境、社会文化、环境的熏陶以及亲身实践锻炼的影响。在这其中，学校要

(1) 吕志，张居永．论思想政治理论课实践教学的形式及其实施 [J]. 思想政治教育研究，2010（6）：74-77.

做的就是尽可能地建立正确的价值观形成所需要的整体校园文化环境氛围，如：

1. 定期举行名人讲学活动

可以定期邀请校外的一些知名人士、道德模范、先进事迹宣讲团等来校讲学，也可以邀请在学生中影响较大的校内精英人士讲述自身成长经历，以及学生中出现的一些感人事迹汇报等活动，让学生参与互动，更能引起学生的共鸣，收到良好的效果。

2. 开展系列主题朗诵、演讲、PPT 制作及演示活动

口头及文字表达能力也是学生步入社会以后必须具备的技能和素质之一，而表达能力的提高不是一蹴而就的，它需要一个长时间的积累过程。所以可以在老师的指导下，围绕社会热点或学生感兴趣的方面设定题目，在班级、小组内开展主题朗诵、演讲、PPT 制作及演示等活动，同时规定时长，争取每一个人都有参与表现的机会。

3. 举办期中院系之间辩论赛活动

真理越辩越明，通过辩论，去伪存真，去粗取精，适当的辩论对于学生们认识一些模糊的问题起到不可替代的作用。同时，辩论赛对于学生思辨能力、分析能力和表达能力的提高也会起到巨大的推动作用，特别是对社会热点、争议较大的问题的辩论赛，能吸引大量学生的广泛参与，具有理论教学讨论扩展性的特性，也能提高学生的理论素养以及其他专业素养，如表达能力、知识的运用能力、应变能力、综合能力等。

4. 开展文艺演出活动

通过相声、小品、话剧、微电影、情景模拟、中国传统文化（书法、绘画、填词、写诗等）等形式模拟社会生活，使学生将所学知识通过演出融会贯通，并在具体的实践中真正把理论知识变成自己的思想，入心、入脑。

（二）奉献爱心、回报社会，开展力所能及的社会实践活动

思想政治理论课教学的核心是增强大学生对中国特色社会主义理论体系的认同，培养大学生确立社会主义核心价值观，而实践教学活动在培养学生这种素养方面具有重要作用。开展奉献社会、培养学生自主学习的社会实践活动，一方面可以将自己所学的思想政治理论知识回报社会，向社会献爱心，另一方面，也可以在志愿服务的过程中，加深对所学知识的理解，使学生关注社会现象和社会问题，有利于学生对社会主义核心价值观的认同和深化。其中典型形式有：

1. 开展系列社会观察和典型访谈活动

以小组为单位，围绕选题，拍摄校园生活或社会生活中发生的一些现象，并对这些现象进行分析和评论；或以小组为单位，围绕选题，选择具有典型性的榜样进行访谈，整理访谈录，撰写访谈感想和心得体会等。通过这些活动，可以锻炼学生的社会观察能力、加深对社会现象的认识。同时通过对采访对象的接触、沟通、交流，也锻炼了学生的人际交往能力。

2. 开展定期政策宣讲和爱心服务活动

思想政治理论课是进行思想政治教育、引导人的思想方向的课程。因此，其实践教学活动必须和国家的政策保持高度一致，结合国家需要，对各个时期的法律以及政策进行宣传，如通过板报漫画、政策宣讲、会议报告、文艺演出、散发资料等各种形式深入社区、工厂、农村等地，运用所学知识开展普及宣传工作，也可就近到老年人医院、康复中心、福利院等机构做一些力所能及的志愿服务工作。这些形式的宣传和志愿服务活动既能培养学生自己的判断分析能力和解决问题的能力，也能通过这些活动了解社会上的一些热点问题和社会发展动态，更有利于学生思想政治理论课专业知识的学习。

3. 开展系列社会问题调查研究

在教师的指导下，学生结合所学专业，利用假期，到企业、农村、小

区等地进行以实地考察或问卷形式为主的专题调研活动，并整理、统计和分析问卷数据。撰写调研报告和心得体会是我们常见的社会调查形式，组织大学生开展社会调查活动，能让同学们认识社会、了解社会，加深对党的路线方针政策的理解，提高思想水平，激发学习动力，巩固理论知识，提高实际工作能力。为使社会调查真正落到实处，达到目的，并保障学生的安全，社会调查地点的选择、题目的筛选、调查数据的收集、调查的技巧训练，以及社会调查报告的撰写等都需要专门的指导老师，特别是有实践经验的老师提前做好功课，对学生进行专门的培训。实践结束后，指导教师及相关人员要认真地评议，也可主持学生召开社会实践调查经验交流会、座谈会等，总结经验教训，形成一整套社会实践的管理模式和保障制度，以确保学生社会调查工作不流于形式，真正发挥其应有的作用。

（三）开展培养创新精神和创新能力的课外科技学术活动

创新是一个民族进步的灵魂、国家兴旺发展的动力，作为新时期的大学生必须紧跟时代潮流、突破陈规、大胆探索，具有敢于创造的思想观念。因此，思想政治理论课的实践教学也必须以此为己任，培养大学生的创新精神。积极组织开展“大学生科技学术竞赛”“生活中的小发明”“变废为宝”“环保参与”等实践活动，在整个活动中，让学生作为主体。当学生成为活动的责任承担者，就会为了项目的成功积极主动地参与并想办法尽一切可能地高质量完成，这样势必会极大调动起学生的主人翁意识、责任意识、创新意识、科研能力及团队合作意识。同时，在活动的过程中，教师通过引导学生选题、辅导学生社会调查、帮助学生查阅文献资料、指导学生完成报告等活动，也改变了教师与学生之间的相处模式，不但有利于学生实践能力的培养，而且教师与学生的互动也会拉近教师与学生的距离，增进师生的感情，进而使学生对教师传授的理论知识产生亲近感和认同感，有利于教学的开展。

【参考文献】

[1] 周建平．大学实践教学的变革：情景学习理论的视角[J]. 高教探索，2009（4）：80-83.

[2] 杨勇，娄淑华．高校实践教学：内涵、特性与变革趋势[J]. 河北师范大学学报，2014（1）：113-118.

[3] 熊晞．高校思想政治理论课实践教学模式和长效机制探索[J]. 思想教育研究，2012（11）：50-53.

[4] 吕志，张居永．论思想政治理论课实践教学的形式及其实施[J]. 思想政治教育研究，2010，26（6）：74-77.

[5] 王新燕．思想政治理论课实践教学要正确处理好几个关系[J]. 思想理论教育导刊，2013（4）：83-86.

高校思想政治理论课实践教学意义何在

侯云霞

长期以来，思想政治理论课容易被忽视的一个重要原因在于，它多被当成一门单纯的科学知识来传授，其内容的抽象、枯燥，无法激发起学生的兴趣，更谈不上对学生思想道德的培养和帮助他们树立正确的世界观、人生观和价值观。实际上，思想政治理论课的教学活动与实践教学密切相连，理论教学是实践教学的必要基础和条件，实践教学又是促进理论教学的重要方式和手段。二者紧密相关相互促进，共同构建成较为完备的思想政治理论课课程体系。

一、重视起对高校思想政治理论课实践教学重要性的认识

当前，在高校课程体系中思想政治理论课正在进行着自身改革，而其重要内容就是加强实践教学环节的比重和研究。这既是国家教改要求的一项重要内容，同时也是高校探索如何进一步增强育人功能的一项重要探索和举措。我国对实践教学的重视从近十年的教育部文件中可见一斑。2005

年 1 月教育部印发《关于进一步加强高等学校本科教学工作的若干意见》，特别强调了提高大学生学习能力、实践能力和创新能力，要求根据不同学科对实践教学的需求，制订出合理的实践教学方案，完善本课程的实践教学体系，并根据多次的实践教学过程和经验，不断改革实践教学内容，改善实践教学方法，以政策导向吸引有经验、水平高的教师从事实践教学工作。坚持以社会需求为基础，全面深化教学改革，构建主动适应经济社会发展需要的人才培养体系。2007 年 3 月，教育部针对全国 1000 所本科院校、1000 万全日制本科学生，下发了《教育部关于进一步深化本科教学改革全面提高教学质量的若干意见》，明确提出提升高校教育质量水平的重要内容是加强实践教学与人才培养模式的改革创新。加强教学过程中的实验、实习、实践和毕业设计（论文）等实践教学环节，特别要加强专业实习和毕业实习等重要环节；培养学生的实践动手能力以及发现问题、分析问题、解决问题的能力；拓宽大学生校外实践的多种渠道，与社会、企事业单位及各行业共同建设实习、实践教学基地等，采取各种有力措施，推进高校教育在教学上与生产劳动和社会实践的紧密连接。2012 年 1 月教育部等部门在《关于进一步加强高校实践育人工作的若干意见》中再次强调实践教学作用，尤其强调思想政治理论课要加强实践教学环节。文件中指出学校教学工作的重要组成部分离不开实践教学，实践教学是深化课堂教学的重要环节，是学生获取、掌握知识的重要途径。同年 3 月教育部在《关于全面提高高等教育质量的若干意见》中提出两点内容：其一是制定加强高校实践育人工作的办法，强化实践育人环节。结合专业特点和人才培养要求，分类制订实践教学标准。其二加强和改进思想政治教育，全面实施思想政治理论课课程方案，推动中国特色社会主义理论体系进教材、进课堂、进头脑。推进全员育人、全过程育人、全方位育人，引导学生自我教育、自我管理和自我服务。

由此可见，国家教育部对高校教学中的实践教学给予了很大重视，实践教学作为一项重要内容在高校思想政治理论课改革中正在落实和研究，并力求探索出一条有效路径。因此，目前既存在对高校思想政治课开展实践教学进行其理论上深入研究的价值，也存在对其实践探索过程中出现问题进行反思的意义。

二、高校思想政治理论课实践教学的意义

实践教学在人才培养过程中具有非常重要的意义和作用，而高校思想政治理论课实践教学对于培养大学生树立科学的世界观、人生观、价值观，推动创新意识、创新精神和创新能力的产生，更有裨义。

（一）高校思想政治理论课的实践教学要与育人功能相链接

思想政治理论课有其特殊性。它虽是由多门课组成，但有一个共性，即在高校大学生中传播和解读执政党的指导思想和执政理念，逐步培养大学生树立科学的世界观、人生观和价值观。在这一过程中可以说具有宣传、说教和灌输的特点。应该说，关于思想政治教育方面，古今中外，或许说法不一，叫法不同，但历来是统治阶级重视的对象，是统治阶级进行阶级统治的工具和手段。如，国外的所谓的“武士教育”“个性教育”“人格教育”等，体现着统治阶级对育人的特定要求和塑造。我国自古就有政治伦理与教育融为一体的传统，自孔子开始就把伦理道德的好坏当作评判政治成败的标准，甚至把它当作一项基本国策。

进入 21 世纪，许多国家政府都把振兴教育作为面向新世纪的基本国策，而在振兴教育中各国都十分重视振兴育人。不论是日本在新的教学大纲中对学生的思想道德素质培养提出的更高要求，还是在《美国 2000 年教育战略》的报告中，始终都把思想道德教育课程的地位与本国的教育方

针和教育目标紧紧联系在一起。我国的思想政治教育也不例外，它是突出我国主流文化和意识形态功能的教育。所以高校思想政治理论课的实践教学要围绕育人功能，体现培育什么样的接班人。一般而言，从思想政治理论课科目的设置和内容可以看出它在培养什么人。因此思想政治理论课应弘扬社会主义的主流文化，切实以马列主义、毛泽东思想为核心高举中国特色社会主义伟大旗帜，只有这样才能不偏离为国家建设培养人才的主渠道，实践教学要以此为宗旨。

（二）高校思想政治理论课的实践教学要与育才功能相链接

思想政治理论课不仅重视学生思想政治素质的教育，而且还强调课程的系统性和科学性，重视对人才教育的培养。而实践教学环节对于推进学生的实践能力和创新精神具有重要作用，是人才培养中不可忽视的重要一环。可以说，重视实践教学，是提高人才培养质量的重要途径，是培养创新型人才的必由之路。它要求学生积极参与实际活动，综合运用所学知识，积极探索、主动体验，发挥能动性和创造性。思想政治理论课实践教学凝聚了理论与实践两方面内容，既包括围绕思想政治理论课教学进行的广义的育人活动，又包括思想政治理论课教学体系中的实践性学习活动，作为一种独立形态的课程，强调实践性学习与研究性学习并重，它以思想政治理论课学科理论为基础和理论载体，又强调以社会经验、社会需要、社会实际为核心，以主题等多种形式对课程资源进行整合，有效地培养并提升学生发现问题、分析问题、解决问题的能力，培养学生的探究精神、创新精神和实践能力。

需要注意的是，把思想政治理论课简单地看成是几门课的组合似乎不太贴切，而应该当成一个专业较为合适。其实践教学即是按照其专业的培养目标，对学生进行某方面专业认知的训练，并在各个实践性教学环节中注重学生综合素质的培养，从而把学生培养成为认知程度高、分析能力强的应用型人才的一项教学活动。它强调以学生为主体，以教师为主导，充分运用所学理论知识，培养学生的探究精神和实践能力。可以说，实践教学是高校实现人才培养目标的重要环节，而思想政治理论实践教学则通过引导学生积极探索周围生活和学习环境中的各种现实性、综合性问题或现象，主动获取直接经验，增强对相关所学专业的理解和认知，提高综合分析和运用知识的能力，并将科学理论内化为自身信念、修养，提高认知层次，在扩展学生知识视野和促进全方面发展中，具有非常重要的现实意义。

三、高校思想政治理论课实践教学需要重视和解决的问题

从当前实际情况看，大部分高校在思想政治理论课程体系中已经把实践教学纳入教学计划工作中，规定了相应学时学分，增加了实践课时，并开展了多种形式的实践探索，主要有课堂实践、课内实践和课外实践等。课堂实践主要通过在课堂上进行主题讨论、知识竞赛等方式进行，课内实践大多利用课外时间在校内开展，主要形式为演讲、剧场活动等，课外实践则是利用周末和放假时间在校外通过考察历史足迹、寻访历史人物等方式进行。通过这些形式可以看出，目前思想政治理论课非常重视实践育人工作，并结合专业特点较为系统地设计了实践育人的教育教学体系。然而，虽然其基本架构已经搭建起来，但从其实施的过程和结果中不难发现尚有不少问题存在，亟待改进。

（一）需要考虑如何发挥学生的主体性作用

认识到学生既是实践教学的对象，也是开展实践教学、社会实践活动的主体，必须充分发挥学生在实践教学中的主体性作用。当前的学生已不再是围墙里的封闭的人，而是可以通过媒体、网络等各种渠道了解多重

信息的开放的教育个体。他们思想活跃，容易受到信息牵引，而在认知能力尚不全面的情况下，也容易出现比较复杂的思想状态，焦躁情绪、心理问题暴露得越来越明显和频繁，这已成为当前高校比较普遍和重视的问题，这也恰恰彰显了思想政治理论课教育的职责所在。思想政治理论课实践教学需要充分考虑当前学生的思想特点及网络的便捷，及时发现学生热衷的社会问题，引导学生的学习方向，组织讨论和辨析，调动学生的学习潜力，以培养学生自主学习、自我选择和自我发展的能力。不过要做到这一点，只有老师的引导、组织是远远不够的，必须充分发挥学生的主体性作用，建立和完善合理的考核激励机制。例如组织班委和各实践小组的组长、副组长和学生代表等设立各实践小组的考核小组，全程参与并督察小组成员的实践活动，及时了解各成员的情况与表现。通过设立表彰激励机制，加大表彰力度，激发学生参与实践的自觉性、积极性，对不积极者给予适当惩罚。思想政治理论课实践教学的目的是既引导学生自主学习，又帮助学生厘清混沌的思想，而要获得这种良好的实践效果，离不开学生的主体性作用。

（二）需要系统分析思想政治理论课实践教学

从思想政治理论课本身看，它是一个系统，由马克思主义基本原理、毛泽东思想与中国特色社会主义理论概论、中国近现代史纲要、思想道德修养和法律基础和形势与政策五门课程组成，相互之间既有联系，又有内在区别，各门课程的实践教学按照相同教学原则进行似乎有所不当，如何加以区别应该成为讨论、研究的一个重要命题，当前各高校在这方面的研究和考虑似乎有所忽视，容易造成在实践教学的命题、操作和讨论倾向上，要么不切题意，要么相互交叉重复，要么偏离课程内容等诸多问题。因此，系统地分析和研究五门课程及其实践教学的共通性与差异性应该成为发展、组织和规划实践教学的重点内容，既要从整体上把握其共性特征，又要从个体上体现其个性特点，如哪门课程重点推行什么类型、什么方面的案例，或者从什么方法和角度考虑问题、分析问题等，加强各门课程实践过程的总体规划和设计，互相融通。为此，从事实践教学工作的教师的作用显得尤为重要。需要加大教师培训力度，积极组织思想政治理论课教师参加社会实践、挂职锻炼、学习考察等活动，鼓励教师增加实践经历，不断提高教师实践教学水平。同时囿于思想政治理论课教师人数的有限性，还应提倡和鼓励辅导员和学校团干部等共同承担起实践教学的工作。

（三）需要考虑加强实践教学的管理工作

思想政治理论课实践教学是由全校学生共同参与进行的，为数众多，组织管理工作任务重大，既要强调安全性又要有效果，需要本着对学生和社会负责的态度，重视实践教学的规划与组织，共同加强对实践活动的管理与服务，使实践活动成为学生既快乐学习又受益良多的实践之旅。为此，实践教学的第一要务就是规范与安全，这一点对校外实践尤其重要。指导教师要认真负责，时时关注学生的思想、学习与安全，有效做到对学生实践过程的检查与监督，以防意外事件发生。在满足教学要求的前提下，本着就地就近、讲求实效和相对安全的原则选择实践场所，或者学校积极为学生联系更多的实践单位，如本市的博物馆、图书馆、科技馆和周边村落等相关单位，形成较为固定的实践教育基地，以便及时有效地指导实践工作，发现和解决学生实践工作中的情况和问题，确保实践工作的顺利推进与开展。除此，在实践过程中，要求学生制订计划安排、活动意义、调查问卷、调查报告等，通过加强对实践过程的检查与管理，提高实践教学的实效性。

【参考文献】

[1] 马风歧 . 教育政治学 [M]. 北京：人民教育出版，2000.

[2] 洪汉鼎 . 论实践智慧 [J]. 北京社会科学，1997（3）: 4-12.

[3] 张汝伦 . 历史与实践 [M]. 上海：上海人民出版社，1995.

[4] 刘红英 . “两课”实践课程研究 [D]. 武汉：华中师范大学，2004.

关于高校思想政治理论课实践教学的理论思考

张芈卡

当前，高校思想政治理论课（以下简称“思政课”）实践教学不仅是提升思政课教学质量的重要环节，也是考量思政课课程建设的重要标准，成为高校思政课的必要构件。当前，部分高校教师或领导对思政课实践教学的必要性和特殊性认识不足，存在将思政课实践教学简单化或等同为社会实践的模糊认识，导致思政课实践教学流于形式，缺乏实效。如何考量高校思政课实践教学之关键与基本特征，正确理解思政课实践教学与理论教学、“放”与“收”之间的关系，对于提升思政课吸引力、感染力和实效性具有重要的作用和意义。

一、思想的实践——高校思政课实践教学之关键

实践是人类自觉的主体活动，人类“通过实践创造对象世界……证明自己是有意识的类存在物”。若按照实践之目的进行分类，可分为造器的实

践（以物的制作为目的）和思想的实践（以人的完善为目的）。任何造器的实践都需要思想产生的意识作指挥，不能脱离意识独立存在，换言之，倘若实践主体思想不“在场”，其物质活动不能看作实践，可见，实践以思想为根基，切实体现和落实实践者的主体地位和作用是实践应有之义。

思想的实践亦是一种过程，主要体现在三个维度——个体思想的社会化；客体的主体思想化；主体思想的客体化。第一，个体思想的社会化，是指通过实践将个体的、零散的思想观念与社会或国家整体观念与意识联结，促使分散的、多样化的个体思想成为社会整体意识或国家共同价值观念的正向良性因子，将分散的个体思想细流整合入国家或社会的思想洪流之中，进而有力推进社会或国家整体意识改进。实践是个体思想转化为社会化的有效途径，也只有在实现思想社会化的过程中，人类才能共同推动社会的进步与发展，否则，可能因思想的冲突而导致社会的混乱与分裂，其后果不堪设想。第二，客体的主体思想化，强调客体失去对象化形式转化为主体本质力量（愿望、要求和思想等）的因素。在实践过程中，通过对客体属性和规律的认识，开阔人类视野，促进人类智力发育，增强人类改造自然的能力，丰富人类情感，使客观对象的存在形式转化为主体的思想素质、思维形式、思想观念和能力，脱离其客体身份成为主体思想的组成部分。第三，主体思想的客体化，是指主体思想观念或精神的对象化。主体借助实践这一桥梁，将其本质力量（思想观念等）转化为对象物。主体思想的客体化使对象成为主体思想的载体，通过对象性活动向客体的转化与渗透，其活动遵循主体的规定性，充分体现人的能动作用。

思政课实践教学以实践活动为载体，致力于主体思想实践的教学活动。以主体的思想观念和人格之改造、培育、完善为目的，注重善恶观念、主体素质和主体生存与发展智慧的培育与养成，确立正确思想，完善与提升道德品质。“实践育人”是高校思政课的教育理念，在此理念下，通过开展形式多样的实践教学活动，用符合国情的社会意识形态去影响、教育和感召学生，引导和帮助其形成正确的世界观、人生观与价值观，使其知荣辱、明事理、辨真伪，获得关于真、善、美的真谛与意义，在实践中深化思政课教学效果。

思想实践的教学活动注重主体思想与环境的良性互动，在此实践过程中，思想对社会环境不断批判与反思，与此对应，社会环境对思想不断消解或确证。正是在这种逻辑循环之中，达到知、情、意、行的统一，从而使社会意识形态得以认知、认同与内化，这是高校思政课实践教学必须经历的思想历程，思想的实践成为高校思想政治理论课实践教学之关键，须突出与激发实践者的主体性。

二、思想实践的基本特征

相对其他课程，高校思政课传授做人的道理，而不是某一领域的科学知识；不在于获得或提升某个领域的技术与能力，而是注重正确观念与善良品德的确立与养成。实践教学是高校思想政治理论课不可缺少的构件，其教学活动致力于主体思想的实践，应该注重学生主体思想的形成过程与特点。在理论教学的基础上，实践教学依据思政课教学之目标，在教师指导下，以学生主体活动为主要形式，通过直接体验，深化理论认识，始于人而止于人是其内在逻辑循环。鉴于此，需围绕思想实践这一主题，把握高校思政课实践教学的主要特征。

（一）整体性

整体性是思想实践的内在要求和方法论规定。思想的实践不是片面、零散的实践，而是整体的实践。高校思政课实践教学是学生对教学内容经历认知、认同到内化的过程，在此过程中，学生耳闻目睹一系列具体的、个别的事件，亲自体验现实生活的实际现状，在参与、互动和演练中体验社会现实生活，升华理论知识。引导大学生将理论与实际相结合，将个别的、具体的体验加以整合，有利于从事物现象看到事物本质、从个别到一般、从部分到整体，最终形成正确认识。思想实践之目的就是在实践中获得正确思想认识，并将其内化于心，外化于行，帮助学生从整体上把握马克思主义。必须从整体性视角提高学生对理论知识的理解和运用，失去整体性，思想的实践就失去其内在价值。

（二）主体性

马克思论及："从前的一切唯物主义（包括费尔巴哈的唯物主义）的主要缺点是：对对象、现实、感性，只是从客体的或者直观形式去理解，而不是……当作实践去理解，不是从主体方面去理解。"前已述及，高校思政课实践教学是主体思想与环境和其所接触的一切事物发生关系的思想的实践，这种关系必然表现为主体的反思、批判与确认。思政课实践教学中学生主体性的体现并不是单纯实践活动的参与，而是要体现"人作为活动主体的质的规定性，是在与客体相互作用中得到发展的人的自觉、自主、能动和创造性的特征"。强调其认识事物的观点、方法是否正确、全面与深刻，强调其对中国特色社会主义理论、制度和道路认知、认同，并将理论内化于心，外化于行。只有真正理解和体现学生的主体性，令其经历从认知、认同到内化的过程，才能在实践中促进主体对理论的思考与提升，思政课实践教学才会达到知、情、意、行的统一。

（三）全时空性

思政课实践教学并不是简单地、单纯地通过教学场所加以判定，重点不是争论教学场所在课堂内还是课堂外，在校内还是校外，而应看其教学内容是否富含社会实践性的内涵，学生是否真正进入思想实践的场域。实践教学是主体思想实践的活动，思想的实践具有不可控性，必然是一种无处不在、无时不有的全时空性实践。这就意味着不需刻意地、人为地创设环境和条件，不能把课堂、校园和校外的教育与环境割裂开，无论何时何地，只要学生以围绕思想政治教育的内容进行思考与探索，事实上就已经进入思想实践的场域。鉴于此，一切能够实现教学目的、激励学生广泛参与的教学方式均属思政课实践教学的形式，既可在校内，也可在校外进行；既可在课堂内，也可在课堂外进行，亦可在虚拟网络上进行，也不一定是固定时间，但必须与思政课课程内容有关。认清思政课实践教学全时空性的特征有利于思想政治教育的内容与实践时间、实践环境形成良性互动。

（四）动态性

思想的实践即是动态的实践，动与静相对应，强调的是变，动态则强调的是变化的状态与过程。唯物辩证法指出事物是不断变化发展的，人们的认识亦是如此，应当坚持用发展的眼光看问题。如果固步自封、墨守成规，只有单而纯的理论教学，与现实生活脱轨的思想观念是错误的漩涡，必然走入僵局，最终腐朽而亡。相反，注重理论和实践的结合，实事求是、解放思想、与时俱进，强调思想与事物、环境的适应和协调，思想紧跟社会现实并把握其现实性的实践，才能正确认识和解决不断变化的新问题和新矛盾，找到新思路和新方法，达到理论和实践的统一。思想实践的动态性特征不仅坚持正确思想的继承性与发展性的统一，也揭示正确思想继承与发展的过程。思想的实践强调发挥主体能动性，引导实践主体自觉将所学理论与知识运用于实践，对现实社会进行观察、批判和确认，进而达到思想的认同、确立与坚定。

正确认识实践的主体性、全时空性、动态性和整体性特性，是高校思政课实践教学的理论皈依。

三、高校思政课教学应处理好的两种关系

（一）理论教学与实践教学的关系

就高校思政课教学而言，理论教学和实践教学均为思政课教学的必要环节和重要组成。理论教学以教室为主要空间，以教师讲授或提问为主要方式，间或穿插课堂讨论，兼顾分析或解答现实问题，使学生了解和掌握理论知识；实践教学是实践主体（学生）思想实践的教学，强调学生的主体性，让学生亲身观察、体验、思考，在实践中提升对理论知识的理解和运用能力。前者着重理论知识的讲授、诠释与分析，后者着重学生的亲自参与、体验与思考，尽管两者在教学场所、教学方式和方法上各有差异，但内容都应统一于思政课整体教学目标和要求。

就理论与实践关系而言，两者相互作用，任何理论都源于实践，同时，理论指导实践，随实践发展不断演进。高校思政课教学须注重与加强理论教学和实践教学的有机结合，致力于实现理论教学和实践教学的互动与互补，形成良性循环链，使之融合为有机整体，建立思政课理论教学和实践教学两种不同教学方式之间的良性互动关系。

1. 理论教学引领实践教学，是高校思政课教学的主导方式

高校思政课教学以教师讲授为主，学生按照教学大纲和学科知识点进行系统学习，有效保证课程内容的系统和完整，有利于学生对理论的整体理解和把握，理论教学是高校思政课教学的根基。（1）根据课堂讲授的理论观点确定实践教学主题。思政课实践教学不是单纯的社会实践活动，必须明确实践教学的主题，由此决定实践教学内容。其实践主题的选择与设定并非无目的、无依据的随意行为，而是需要遵循思政课的整体教学目标和要求，围绕思政课理论教学中的某一或某些理论观点，帮助和推进学生对思政课基本理论的理解与认同，确立和坚定对马克思主义和中国特色社会主义的信念，

有利于实践教学与理论教学的内在统一。(2)根据思政课不同课程中理论教学的内容和要求，结合其课程特点确定实践教学的具体方式。高校思政课由五门课程构成，每门课程都具有自身的课程特点和相对应的教学目标与要求，由此决定实践教学的方式各有不同。如：马克思主义基本原理概论的课程重点在于基本理论的理解和把握，涉及较多抽象概念与范畴，涉及对重大社会现实问题的分析与思考，在实践教学中，适合开展学生主动参与的专题研讨，适合组织学生进行社会调研活动等；思想道德修养与法律基础的课程重点在于对学生进行马克思主义人生观、价值观的教导，在实践教学中，适合组织开展公益劳动、志愿者服务、各类竞赛等团队活动，从中体会做人的道理和生活的真谛。

2. 实践教学反馈于理论教学，深化理论教学成果，提升理论教学实效，是高校思想政治理论课教学的重要环节

思政课实践教学不是理论教学的辅助和补充，而是思政课教学的重要组成部分。一方面，实践教学可以生成无形成果——深化学生对马克思主义基本理论的理解；升华学生的思想认识；认知、认同和践行中国特色社会主义理论、制度、道路；坚定马克思主义理想信念，深化理论教学成果，等等。另一方面，实践教学可以形成有形成果，如调查报告、影视剧作、研究心得等，为更好地理解和把握思政课课程中的基本理论提供有益素材，促进学生对理论进行批判性的思考与提升。当实践教学的成果反馈于课堂教学时，通过课堂上学生与学生之间、学生与老师之间的交流与分享，其成果将转变为宝贵的课堂教学资源，进一步丰富理论教学内容，增强理论教学活力，提升理论教学实效。

(二)“放”与“收”的关系

在此，所谓的“放”，指的是解除约束、释放、放手，即让实践主体(学生)自由自主；所谓的“收”，指的是约束、引导和控制(行动或感情

等），即对实践主体（学生）进行一定约束，将其引入教学大纲、教学目标、国家法律法规和学校校规许可的范围。前已述及，高校思政课实践教学是思想的实践，其关键在于突出与激发实践者的主体性，因此必须要“放”，没有“放”就会抑制学生的主体性发挥，挫伤学生学习的积极性。但是，若只有“放”，没有“收”，就是放任自流，不顾后果，不负责任，思政课实践教学必然会扰乱正常的教学秩序，偏离思政课教学目标，违背教学规律。思政课关涉社会意识形态领域，其教学内容不仅与国家现实的经济、政治、文化、法律等问题密切相关，还涉及一些较为敏感的现实问题，因此，必须认清“放”与“收”同样重要，不能顾此失彼，而是要把握好“度”，这是一个动态发展的“度”，在“放”和“收”的过程中寻求最佳平衡。

正确处理“放”与“收”的关系，要求教师既要充分尊重实践主体（学生）的主体性，又要始终在实践教学过程中“在场”。所谓的“在场”并不是全程陪同，而是需要教师为学生搭设实践平台，创设实践情境，全程指导和监控学生开展实践活动。在此过程中，教师应启发诱导，引导学生密切联系实际，正确认识和看待各类社会现实和热点问题。最为关键的是，教师应注重实践教学成果的后期梳理和总结，既要通过课堂展示学生的实践成果，又要对学生的实践成果进行合理点评，既要积极鼓励，又要针砭时弊，对学生进行正确的引导和教育。正确处理“放”与“收”的关系，提高实践教学实效，避免实践教学流于形式。

【参考文献】

[1] 马克思恩格斯全集（第 3 卷）[M]. 北京：人民出版社，1996：33.

[2] 马克思恩格斯选集（第 1 卷）[M].2 版 . 北京：人民出版社，1995：54.

[3] 郭湛 . 主体性哲学——人的存在及意义 [M]. 北京：中国人民大学出版社，2011：23.

思政课教学与实践环节的问题研究

张丽影

一直以来国家教育部非常重视思想政治理论课教育和教学工作，思想政治课教学是提升大学生思想政治水平的重要途径，我们通过对青年学生实行全面系统的马克思主义理论体系教育，来进一步引导青年学生树立正确的世界观、人生观和价值观，从而使他们能够在复杂多变的社会关系中正确地认识自我、合理地定位自我、最大限度地实现自我，为实现“中国梦”，在伟大的民族复兴大潮中做出自己应有的贡献。然而，现阶段，随着科学技术的飞速发展，我国高校思想政治课教学也面临着全新的挑战，教学改革面临着诸多问题，对教学效果的提升产生了一定的不良影响。下面从教学改革存在的问题入手，对深化教学改革及实践环节提出了几点建议，希望能够有利于提高教学质量，为社会培养更多高素质人才。

一、网络化社会影响下的思政课教育面临的问题

在新媒体全面影响大学生的思想和行为的今天，据有关调查资料显

示：青年学生最主要的获取信息方式是网络和论坛，网络上他们最常看的内容是新闻交流和评论，最信任的信息是教师的课堂讲授；大学生最喜欢的获取信息方式是实地考察和参观。所以，在新媒体时代，青年大学生思政课的讲授与实践教学显得尤为重要。我们应该很好地把虚拟与现实、媒体与体验相结合，把课内讲授、课内实践与课外考察活动相结合，把校内实践与校外调研相结合，即在政治理论教学中认真贯彻“三结合”原则。具体来说，就是要善于发现并利用新媒体，整合各种相关资源，积极地全方位地开展课堂讲授与课外实践相结合的教学方法，不断激发学生学习的兴趣、更好地调动学生的自我学习积极性，培养学生自觉实践的能力。

（一）国内外局势复杂，各种社会思潮鱼龙混杂

近年来，随着世界经济性危机的不断发酵，国际局势也风云变幻。面对这种鱼龙混杂的社会思潮，以及国际上大国博弈的国际局势，给思想政治理论课的教育和教学增添了很大难度。网络上，泥沙俱下的各种似是而非的理论，有的以“学术研讨”的名目出现，在理论上和逻辑上以偏概全，断章取义，以所谓的“反思”或“创新”来歪曲最起码的客观史实。更有人用所谓“西方话语体系”来全面否定科学理论，不仅仅使得有些史学研究脱离了中国历史的客观实际，更是远离了党和国家的初衷，忽视了人民的要求。更有甚者，一些别有用心的人，故意用“唱衰中国”“抹黑中国”的伎俩来否定党的领导，来弱化社会主义理论观点在网络平台上的广泛传播，这些国内外敌对势力和别有用心的人不断制造舆论、混淆视听，对社会主义主流意识形态形成了严重的冲击。

（二）互动教学不够，实践环节不足

高校的思政课讲授是对大学生进行思想观念引领的主要方式，也是意识形态教育的主阵地。我们希望通过这些课程，让社会主义核心价值观的主流意识融入学生头脑，就需要用多种多样的教学方法，在专题讲授的过程中，通过增强师生互动环节给大学生一个思考和成长的空间，以便增强教学的长效性，升华大学生的思想，也是进一步解除大学生困惑的最有效、最直接的途径。但是，随着时代进步，新的电子产品不断涌现，新生入学以前，家长就购置好了智能手机、平板电脑、笔记本、游戏机等电子产品，把学生们的思想从课堂吸引走了。上课期间，课堂上有许多玩手机的“低头族”。怎么从手机屏幕上把学生“拉回来”？如果我们不采取新的教学模式，不能让学生的注意力回归课堂，那么让社会主义价值观进入学生头脑就是一句空话。同样在实践教学环节，政治理论课与专业课实验教学相比，更是大相径庭，学校花巨资盖实验大楼，购置实验设备，安排实验课程，而对于政治理论课的实践教学环节，学校只提要求，既不给政策层面的支持，更奢谈物质层面的供给。老师对学生也只能隔空喊话，具体操作起来，有很大难度。

二、思政课教学与实践环节方面存在的问题

社会实践是对大学生进行思想政治教育的重要途径和环节，但是目前许多高校在“思政课”社会实践教学方面面临着诸多困难，使得思政课的实践教学难以正常开展，影响了思政课的教学效果。为了确保“思政课”社会实践教学的常态化和可持续，我们急需建立一套完整的思政课教学与社会实践环节相衔接的体系，我们应该通过建立思政课的校内、校外实践基地，通过思政课日常化来实现思政课实践教学常态化，来提高思政课教学的实效性，并在此基础上形成一套与整个实践教学过程相关的组织机制、管理机制、运行机制、保障机制、评价机制等在内的常态化、长效机制建设。

高校思政课改革一直在高歌猛进，而政治理论课的课时却一直在走下坡路，课时变得越来越少，课程内容和学校的要求却变得越来越高。就

目前国际局势和国内形势而言，社会和教育部门重视大学生就业问题没有错，强调必须加强实践环节，提高大学生的动手能力，也是非常必要的。据此，学校就不断砍掉课堂讲授时间，给予大学生更多的实践时间，导致一线教师普遍反映：政治理论课的课时本来就少得可怜，在实际教学中，更是无论哪门课、什么活动都可以挤占，导致难以保证教学质量。

1. 开会困扰

思政课本来就是大班课，维持一个好的教学氛围很不容易。教学过程中，常出现一种现象：老师在讲台上侃侃而谈，兴趣正浓，一个班干部来跟老师说，刚接学院短信通知，叫班干部集合开会等事宜，一群班干部便鱼贯而出，打断了课堂教学节奏不说，还极易引起其他同学形成一种认知：大学里上课与中学是不同的，中学不能随意出入，大学是允许的，这就为日后逃课埋下了伏笔。

2. 实习困扰

排课过程中，“专业课优先”成为惯例，几乎所有一线思政课教师都遇到过一种情况：到课班级不整齐，总有个别班级实习去了，导致教师难以掌握上课进度和秩序。

3. 排课困扰

师生常戏称政治理论课都给排在“垃圾时间”，有老师抱怨，自己的课排在周六或者下午容易困倦的时间，甚至排在体育课后边，学生们大体量活动完，能满身大汗地跑来上思政课已经不错了，只是，不一会儿，学生们累得趴倒一片，尽管来听课了，效果也可想而知。还容易导致学生借口换衣服或随便编造个理由逃课。

4. 思想情绪困扰

以前曾有学生反映，辅导员明确跟他们讲，高数、英语、计算机、专业课等都不许迟到、旷课，其他的都好说。本来在中小学阶段，政治课就是副科，从来没有被重视过，现在，上大学了，从社会层面到学生管理者层面的态度，对思政课教学和实践环节而言，更是雪上加霜了。

5. 经费困扰

由于对专业课实验室建设和设备购买支出是必需的，而对于思政课社会实践活动的经费支出是弹性的，导致高校经常对思政课的社会实践经费投入上“偷工减料”。日常情况下，布置下去的社会实践，需要学生自己掏腰包去参与，相关设备也不完备，导致学生参与的积极性不高，最后只能草草了事、走过场。

三、优化思政课教学环境和教学方法，应建立实践教学环节规范化、常态化机制

十八大报告明确提出立德树人是高校的根本任务，但是一个有点刺耳的段子说：“老师最痛苦的事情是什么？课讲完了，学生没睡醒。学生最痛苦的事情是什么？睡醒了，课没讲完。”这个段子虽然有些偏激，却真实地反映了高校思想政治课死气沉沉、枯燥无趣的现象。这种“讲者滔滔，听者昏昏”现象出现的“症结”在哪儿？这跟教师教学方式缺乏创新性、趣味性相关，但更深层次的原因是学生缺乏学习动力和自觉性。更暴露出思政课的讲授过程中存在的先天不足，没有把好学生的脉，抓住学生的心，没能很好地运用网络时代给予我们的条件，把学生从手机和互联网上拉出来。怎么办？

（一）活用红色元素，打造红色课堂

“大学是科学之根、文化之魂，更是自我提升之学府。”我们只有把思政课讲得能让学生入耳、入脑、入心，才能够真正树立正确的价值观、世界观、人生观。具体说来应该做到：

1. 组建一支红色教学团队，搭建红色讲坛

把红色文化研究人员请进来，走上红色讲坛，让主讲教师走出去，深入红色文化基地调研，掌握第一手资料并能把红色元素融入讲课过程中。

2. 用好红色资源，铺平走向红色基地的道路

我们应该投入资金，建设一个放映室，组织学生观看红色影视，购置一批社会实践需要的相关设备，如摄像机、照相机、投影仪等。带领学生走进红色实践基地，亲身感受在那个激情澎湃的时代，前辈们为了我们现在的美好生活而奋斗的历程。

3. 建设一批红色文化实践基地，把红色教育落到实处

河北省及周边有许多红色文化景点，在太行山抗日军政大学旧址，我曾看到了河北科技大学“大学生红色教育实践基地”的牌匾，但是很少组织教师和学生去参观，使得红色教育基地形同虚设，不能发挥应有的作用。我们应该充分利用好“河北省博物馆”“华北烈士陵园”“解放石家庄纪念碑”“西柏坡中共中央旧址”“八路军一二九师司令部旧址”“献县马本斋纪念馆”等一批红色旅游和爱国教育基地。应该根据各门课的特点，因地制宜地让学生实地参观、考察，真正让这些爱国主义情愫从学生的心底升腾起来。

4. 拍摄一批红色微电影、微视频

在新媒体形势下的自媒体时代，我们应该利用有利条件，拍摄一批红色微电影，通过讲故事的形式，再现革命的烽火岁月，既可以为思政课教学提供课外教育资源，便于学生课下点击，也可以在课堂上播放，提高课堂的情趣性，提升教学效果。

5. 组织编写一批红色课外读物

我们应该组织教师队伍，结合教材内容，有针对性地编写一批红色课外读物，使课上教材与课外读物相互印证，培养学生对社会主义核心价值

观的认同感。

6. 研究制定一整套大学生红色实践模式

我们应该结合学生们所学的专业和特长，采取灵活多样的个性化实践教学模式，以便提高学生们参与实践活动的主动性和积极性，比如：组织美术专业同学举办红色画展，组织音乐专业的同学唱红歌，组织动画专业学生制作红色动漫等，这些活动既调动了同学们参与的积极性，又提高了他们的动手能力。

（二）充分运用现有资源，让思政课堂“活”起来

在新媒体时代背景下，我们应该充分运用现在的教育资源，结合各门课的特点，采取不同的教学和实践方式，增加师生互动，提高教学效率，使得思政课在大学生那里真正能入耳、入脑、入心，让课堂不再出现“你讲你的，我玩我的”现象。目前有的高校引进“慕课教学”“翻转课堂”教学方法，增进师生互动环节，收到很好效果。但是，我们既不能“一哄而上”也不能“一哄而下”，要结合自己学生的专业素质和自学自律能力决定采取什么样的教学模式，要因人而异，对症下药，对于自律自学能力强的学生，适当压缩讲授时间，增加课下自学内容和实践环节，对于自律性较差的学生，应该适当增加课堂教学时间，课堂上采取多样的教学方式，穿插视频内容授课，增加学生学习的“兴奋点”，让课堂变得有问、有答，有歌、有笑，真正让课堂活起来，在欢声笑语中学习。

（三）教学实践环节规范化、常态化

学校应该通过对学生思政课学习过程的考核、评价、评优的方法，促使学生能把学习红色历史、弘扬红色文化与践行红色精神统一起来，推行学生“唱红歌比赛”活动、“主题党日”活动。大力开展以传承红色文化为主题的“征文比赛”与“演讲比赛”活动、“送文化下乡”活动、大学生“风采展示”活动、“信仰之行”与“意志锻炼”活动等。在整个过程中，要把这一整套的活动制度化、规范化、常态化，真正做到把实践育人落到实处。

四、因地制宜，多管齐下，稳步推进思政课改革的进程

在教育部主导下，全国各高校的思想政治理论课改革在全国范围内如火如荼地进行着。一些知名学府也率先开展教改，例如：清华大学推出了“一对一”师生交流的创意模式；大连理工大学开启了“大班授课，小班讨论”的灵活授课方式；南京师范大学则用上了“网络授课 + 课堂互动”的 O2O 时髦手段；还有集美大学“龙袍加身”上思政课的青年教师董立功的大胆尝试虽是煞费苦心却备受争议。

德国一位学者有过一个精辟的比喻：将 15 克盐放在你的面前，无论如何你都难以下咽；但当将 15 克盐放入一碗美味可口的汤中，你却在享用佳肴时，将 15 克盐全部吸收了。由此可见，知识只有融入到情境教学之中，才能展示出其活力，透射出其美感，才能被学生在潜移默化中理解、吸收并升华。可见，灵活多样的教学改革和授课方式，是让思政课能在学生层面入耳、入脑、入心的不可或缺的手段，但是我们并不能因为要追求情景教学效果而导致剑走偏锋，给人哗众取宠之嫌，关键点在于这种情境教学，谁是课堂的主角？如果教师仍然唱独角戏，滔滔不绝地讲，绘声绘色地演，只让学生当观众和听众，或者让几个学生跑跑龙套，没有真正落实学生的主体地位让学生唱主角，那么这种教学仍是低效的教学，高校思政课课堂“一潭死水”的现状仍难以改观。

从现代教育理念角度来审视“龙袍加身”之类的情景教学模式，是情境教育的一个大胆尝试。任何知识都产生于一定的生活情境，思政课教学的实质也在于创造类似的知识产生的生活情境，让学生在演绎生活情境中

生成智慧，建构新知。故而，对思政课的教学和实践环节的改革，我们应该从以下几个方面入手：

（一）**拓宽思政课程社会化的平台**

从单向灌输走向双向互动，思政课教师除了要讲好课以外，还可以利用网络平台发挥思政课程的引领作用。可以充分利用微博、微信、QQ等交流平台，跟学生一起探讨一些社会热点和焦点问题，对发生的一些国际、国内事件及时发声，打消大学生们的疑惑，真正做到用马克思主义理论武装青年人的头脑；对于西方的一些事件和社会思潮要跟学生认真分析和解释，提高他们明辨是非的能力；对学生社团的学习研讨活动给予指导，对学生进行正确的思想引领与理论武装。

（二）**思政课要贴近生活**

"大学是科学之根、文化之魂，更是自我提升之学府。"只有我们思政课的课堂生动了，学生学习思政课的兴趣提高了，我们所教授的内容才能真正变成深入灵魂的东西。以前，人们对思政课有个普遍认识：思政课就是讲大道理。使学生们觉得这些"大道理"离自己的生活很遥远。现在，我们必须深入浅出地讲解，透过生活实例，让学生们感觉到思政课确实能促使青年人思想成熟，提高辨别是非的能力和在社会生活中的自我保护能力。通过对一些问题的探讨，提高大学生认识问题和分析问题的能力，树立正确的世界观和价值观。例如："我们应该怎样看待大学生的自杀现象？""青年人应该追求梦想还是要立足现实？""我们的大学生活应该怎样度过？""当今时代我们应该如何爱国？"在这些趣味性问题的探讨中，学生的思想会慢慢变得成熟起来，让学生们真正感觉到思政课是一门对青年人成长过程很重要的课程，才会使他们从"逼着学"转为"我要学"状态，最后才能真正深入灵魂，变成一个有信仰、有担当的时代新青年。

（三）加大高校对思政课教学和实践环节的资金投入

给大学生一个宽松的、接地气的教学体验过程，配备相关的设备、场地和网络环境，从硬件上来保证课堂上“慕课教学模式”或“爱课程教学模式”等师生互动的需要。使手机不但是休闲、游戏、交友的工具，更成为学习的利器。同时，也要加大在红色教育基地方面的落实和投入，及时组织大学生感受周边红色元素，陶冶爱国情操。还可以组织大学生利用课余时间进行多样的实践活动，例如：针对中国近现代史纲要课程，可以编导、排演历史小剧，探寻历史的足迹，举办唱红歌比赛、历史知识竞赛、红色旅程画展等，既丰富了大学生的业余生活，也使大学生们开阔了眼界，提高了动手能力。

（四）改革思政课的教学评价模式

思政课改革，不能只是压缩课堂讲授时间，增加社会实践环节这么简单，同时对大学生的评价模式也要作相应的改进，由单一的试卷考试，变成动态评价模式更能反映大学生在思政课影响下的参与和成长过程。应该减少应试考试比例，增加动态考核比例，比如：按照学生参与团体实践活动，参与课堂讨论和探究报告质量，以及个人风采展示等参与情况确定成绩，而且这种教学模式要有相关规则，要制度化和常态化，使思政课教育来源于生活，植根于青年学生之中。

华中科大原党委书记路钢在参加马克思主义学院课程集体备课会时说过：“思政课教师要明确自身肩负的历史使命，在解答学生关注的社会热点难点问题中传递社会正能量，帮助大学生扣好最重要的一颗扣子，树立正确的世界观、人生观、价值观。”

思政课具有全国统一教材，又和大学生的日常认知紧密相关。只有做到把“讲出来”与“听进去”相统一，才能真正传递正能量，帮助学生扣好最重要的一颗扣子。要保证思政课的教学效果，教师既要认真研究教材和中央文件，吃透指定教材；又要了解大学生所思所想，准确回应他们的思想困惑，做到从“供给侧”的角度“传道”，从“需求侧”的角度“解惑”。我们应该以学生为主体通过各种形式，使学生参与历史、体验历史，使教学内容从课内走向课外；让“90 后”“00 后”等“网络原生代”“低头族”在新媒体时代跟着老师的节拍与老师、同学互动，与自己的固有思维互动……

【参考文献】

[1] 居继清，周青鹏 . 用好用活红色元素 寻求思政课特色教改 [N]. 中国教育报，2016-08-02（4）.

[2] 刘成友，张兴华 . 这样的思政课 大学生有共鸣 [N]. 人民日报，2015-12-04（12）.

[3] 张颖，林曦 . 高校思政课的福建实践：从单向灌输走向双向互动 [EB/OL].（2016-06-14）[2016-06-14].http：//fjnews.fjsen.com/2016-06/14/content_17975584.htm.

[4]《上海海关学院》思政理论部基础部华中科大思政课：给严肃的课堂带来艺术的味道 [N]. 武汉晚报，2016-12-29（26）.

从马克思主义认识论的角度看高校思政课实践教学

郭馨天

高校思政课是每一位大学生的必修课，其目的在于培养大学生高尚的道德情操，使之今后能够将所学的知识服务于社会，为社会发展做出贡献，成为一名对社会发展有用的人。在思政课的教学中，理论教学毋庸置疑是十分重要的，在这一阶段教师发挥着主导性的作用。教师要对所讲授的知识进行深入系统的阐述，使学生明白道理，形成一个完整的知识结构。但学生要真正将所学的新知识消化吸收并内化于自己原有的知识体系中，还要不断地反复练习实践才可以，就像学生在学习数学时要不断地做习题才能深入理解真正掌握，因而实践教学是对理论教学的一个重要补充，是学生将前一个阶段所学的知识不断思考、反复练习、消化吸收的过程。在实践教学中，学生的主导性作用凸显出来。学生对实践的理解，以何种方式去完成实践将直接影响到实践教学的实际效果。按照马克思主义认识论，实践是产生认识的源泉，实践也是检验认识是否正确的唯一标准。高校思政课的实践教学本身也是一种实践活动，在此过程中，学生既可以通过实践直接获得新知识，也可以通过实践对旧有的知识进行验证，更新自己的知识结构从而获得新的知识。由此可见，实践教学是学生获取新知识的一个重要途径，也是迈向更高层次学习——研究性学习的一个重要台阶。因而，在实践教学中，我们要注意其中环节的严谨性，这样才能取得更好的效果。下面，笔者围绕实践的主题，就其中的概念界定、研究假设、实践过程以及假设检验这几个方面同时结合马克思主义认识论谈谈自己的一些认识。

一、概念界定

概念是抽象程度较高的理性认识，而实践是十分鲜活具体的行动。如何将抽象的概念和具体的行动衔接起来，实现由理性认识到实践的飞跃，我们还必须就其中的概念再作一次操作化定义，将其化解为我们可以具体把握的指标。例如，在“大学生对新闻时事关注度”的调查中，大学生和新闻时事就是我们要面对的两个概念，我们首先要对这两个概念进行分解，大学生可以从性别、年级、专业和生源所在地进行分类，新闻时事可以分为政治类新闻、财经类新闻、娱乐类新闻和文化类新闻等方面。这些指标的划分是我们可以根据研究的目的来设定的，总的来说，指标划分得越细，说明我们想要研究问题的层次越深。

二、研究假设

在对概念进行了操作化定义之后，我们就可以进行研究假设。在进行研究假设的时候，我们首先要区分自变量和因变量。就前面的“大学生对新闻时事关注度”这一调查主题而言，大学生就是自变量，新闻时事的关注度是因变量，区分出了自变量和因变量之后，我们就可以在二者之间建立各种联系，即研究假设。如我们认为：文科专业的大学生会更加关注新闻时事；男大学生更关注政治类新闻；女大学生更关注娱乐类新闻等。研究假设往往与我们头脑中旧有的知识相关，也是与我们的研究主题密切相关的，是我们要通过调查进行验证的一些观点。有了这些研究假设相当于我们在进行社会实践时，头脑中带着问题，这些问题会使我们的实践具有目的性和针对性。通过后面的实践对这些问题进行回答，从而确认先前的认识正确与否。研究假设是我们研究的关注点，也是新知识的生长点。总之，概念界定和研究假设属于我们头脑中已有的认识，我们将在此指导之下进行相关的实践。

三、实践过程

实践过程是我们根据前面的认识进行相应行动的过程，也是我们进行实地调查的过程。一般来讲，我们在进行正式的调查之前，要先对所研究的对象进行一番探索性调查，即走一走，看一看，头脑中不带任何研究假设。探索性调查是我们正式调查的前奏，它可以帮助我们更好地发现问题，从而更加有针对性地进行概念界定和建立研究假设。正式调查的阶段也是我们围绕问题进行资料收集的阶段，这其中包括定性资料的收集和定量资料的收集。定性资料的收集主要是通过访谈法来完成的，访谈可以分为结构访谈和无结构访谈，结构访谈是指访谈过程、访谈内容、访谈方式等方面都尽可能统一，避免个人主观因素对访谈的影响，从而提高了访谈过程的客观性和资料的可信度，但这种结构访谈缺乏弹性和灵活性，难以对研究对象进行深入挖掘；无结构访谈与结构访谈正好相反，它事先并不依据固定的程序，而是围绕着某一主题与被访者进行深入、细致的交谈，但这种访谈对访问员要求较高，且耗费时间，使得访谈的规模受到较大限制。结构访谈和无结构访谈各有所长，我们进行访谈时可以结合使用，使得定性资料的收集更加丰满。定量资料的收集往往是通过问卷调查来完成的，这其中包括设计问卷、发放问卷和数据分析三个环节。设计问卷是一个非常关键的环节，它包括我们前面所说的概念界定和研究假设，在这个阶段我们一定要注意区分出自变量和因变量。自变量往往是指被调查者的个人信息，因变量则是指研究的主题，问卷设计的好坏将直接影响到后面的数据分析，因此在设计问卷这一环节上，我们一定要把好关。发放问卷时应选择被调查对象，由于各种条件的限制，我们不可能做到普查，一般都是在做抽样调查，因而在从总体中选取样本时一定要注意其“代表性”。如前面的“大学生对新闻时事关注度”的调查中，大学生就是我们所要研究的总体，假如我们设计的问卷有 100 份，那么这 100 份问卷所针对的调查对象就是 100 个大学生，我们所要调查的这 100 个对象应该涵盖不同性别、专业、年级的大学生，且所占比例要与在大学生总体中的比例大致相当，这样才能保证所选样本的代表性，以便我们可以从样本的情况推断出总体的情况。在数据分析阶段，首先要看看回收的问卷中是否有废卷，若有就要把它剔除掉，然后我们再对有效问卷进行数据处理。在此阶段，我们最常用的就是双变量统计分析，即对一个自变量和一个因变量之间的关系进行数据分析。如在前面的调查中，大学生的性别是一个自变量，所关注的新闻时事的类型（政治类新闻、财经类新闻、娱乐类新闻、体育类新闻等）是一个因变量，对这二者之间的关系进行数据分析，我们可以看出性别差异对所关注的新闻时事类型的影响。总之，在资料收集的过程中，定性资料的收集和定量资料的收集都很重要，定性资料主要针对个案，从微观上生动、深入地反映被调查对象的一些特征；定量资料主要是面向群体，从宏观上对被调查对象的特征作一个描述。在实际调查过程中，这两种不同类型的资料都应该有所体现，这样才能点面结合、全面而细致地反映被调查对象的特征。

四、假设检验

我们通过对前面调查得到的资料进行整理分析，可以得出一些结论，这些结论就是我们的研究发现，相当于新的认识。这些新的认识有时候与先前的研究假设往往相左。在这种情况下，我们不可断然否定先前的研究假设，即否定掉以前旧有的认识，认为这些旧有的认识是不正确的。因为我们在前面的调查过程中所采取的是抽样调查，这里面就存在着从局部推断总体的问题。如前面的“关于大学生对新闻时事关注度”的调查，如果我们通过调查发现男女大学生对政治类新闻的关注程度上没有显著区别，我们就要对之进行社会统计学中比较专业的双变量之间相关性的检验。当然在一般情况下，尤其是在思政课实践教学中绝大多数学生并不具备社会统计学的专业知识的背景下，我们也不强求学生这样做。但是学生在最后得出结论时，一定要说明适用的范围以及研究中存在的一些问题，留有一定的余地，保持认识上的开放性。

结语

高校思政课实践教学归根到底也是一次实践活动，既是验证旧的认识，同时也是生成新的认识的过程。按照马克思主义认识论，实践决定着认识，同时也是检验认识正确与否的唯一标准，因而确保程序上的严谨性是十分重要的。尤其是在当今社会处于转型时期，社会现象错综复杂，各学派观点众说纷纭，要想获得对某一现象的正确认识并非易事。再加上大学生正处于世界观形成的重要时期，它们接受新事物的能力较强，但社会经验不足，一旦形成错误的认识将会对今后的人生路产生深远的负面影响。因此，在实践教学过程中，强调程序的严谨性和科学性也就等于要求学生掌握形成正确认识的方法，这样才会形成合理的世界观、人生观和价值观。

【参考文献】

[1] 风笑天 . 社会研究方法 [M]. 北京：中国人民大学出版社，2014.

高校思政课
实践教学方式方法
创新研究

地方红色文化融入思政课实践教学的思考

刘建民，宋春梅

中国共产党领导广大民众在长期的革命和建设过程中积淀了丰富的红色文化资源，因其具有的深刻思想内涵成为高校思想政治理论课优质的教育教学资源，对思政课实践教学工作起着不能估量的功能价值。思政课实践教学应该明确在大学生思想政治教育工作中的重要地位，并尝试积极发挥地方红色文化资源的重要作用。但是，从现有的实践教学来看，传统的理念及做法依然是主要的表现方式，组织者往往只是布置下作业主题，学生去实践现场进行观摩，事后写出总结或心得体会。这种实践很难说在思想政治教育上起到了巨大作用。实际上，学校不仅仅应该充分挖掘与教学内容相关的地方红色文化资源，更重要的是引导学生进行探究性参观，带着问题、带着思考去感悟历史。如组织学生参观当地的革命遗址遗迹、历史博物馆、名人故居等有代表性的爱国主义教育基地，在革命前辈们生存过战斗过的地方通过图片、物品影像等多方位的观摩，近距离感受历史的悲壮与沧桑，从而产生心灵上的共鸣；或组织学生进行针对性的社会调查，通过访问历史人物、历史事件的亲历者以及相关人员，在追寻过往中感受往事并不如烟。

我国各地均有独特的红色文化资源，河北省以其资源的丰富性、类型的多样性和历史的传承性而占有重要地位。显然，把河北的地方红色文化素材融入高校思政课实践教学，坚持好客观性、目的性和适度性的原则，既弘扬了地方红色文化所独有的精神内涵，又能够促使学生在营造的实践教学特殊氛围中达到知行合一，对弘扬红色文化和提高思政课教学实效性皆有着重要意义。

一、地方红色文化在思政课实践教学中的功能

红色文化在思政课实践教学中的功能表现为对共产党执政所起的重要文化支持价值。“坚持什么样的文化方向，推动建设什么样的文化，是一个政党在思想上精神上的一面旗帜。”(1) 就执政党而言，把其执政理念、执政方略、执政思维及执政举措通过构建执政文化去影响人们的政治态度，进而潜移默化地引导人们的政治行为是最基本的执政要求，这一原则在中国的社会主义大学尤为明显。大学生是中国特色社会主义事业的可靠接班人，是执政党思想的宣讲者和具体实践人，他们的价值观念、思想感情和政治行为对党的执政实践有着重要的影响。毋庸置疑，以具有历史底蕴、先进精神的红色文化来对大学生的品质进行塑造、言论进行引导、行为进行规范，养成其积极向上的思想、信念、情感与习惯，进而使他们在灵魂深处接纳执政思想，从而构筑对党的执政认同、拥护，并形成长期的坚定支持。

红色文化在思政课实践教学中的作用，很大程度上体现在对良好校园文化氛围的营造上。大学教育的快速发展不仅仅需要大师、大楼，更需

(1) 江泽民 . 论党的建设 [M]. 北京：中央文献出版社，2001：502.

要营造健康向上、积极进取的良好校园文化氛围，这实际上是为红色文化发挥理论的指导作用提供了一个重要场域。红色文化的价值不仅仅体现在“红”上，它是在革命运动中凝练的优秀文化精神，更是传承了优秀的传统文化，承载了优秀的时代文化。红色文化作为校园文化建设的优质文化资源，具备把以爱国主义、集体主义、勤劳勇敢、自强不息、艰苦奋斗、无私奉献、拼搏进取等为特征的理念体系在学校的特殊环境中传承、转换、创新的天然优势，从而营造和谐性、进取性、实用性、灵活性的良好校园文化氛围，这与学校培养自由发展、全面创新人才的教育理念具有天然的内在关联。

红色文化在思政课实践教学中的作用，还表现在对学生健康成长的培育上。红色文化与其他主流思想文化一样，是具有重要教育意义的优质资源，可以以其充满正能量的先进精神内涵去吸引、感染大学生，引导大学生对党的执政产生高度的认同感与支持热情，使他们形成正确的价值理念进而健康地成长。“我们国家，国力的强弱，经济发展后劲的大小，越来越取决于劳动者的素质，取决于知识分子的数量和质量”[(1)]，邓小平在1985年对教育及人才所具有的巨大社会价值已有经典论述，历史的发展已经证明了其远见卓识。而且，此处的“素质”与“质量”字眼，实际上隐含了邓小平对学生应具有丰富“知识”与高尚“素养”的殷殷期望，红色文化融入大学的历史教学工作无疑是对伟人的经典话语所作的时代注释。

二、河北红色文化的科学内涵

河北是红色文化资源大省，拥有较为完整的红色文化生态体系。显

(1) 邓小平．邓小平文选（第三卷）[M]. 北京：人民出版社，1993：120.

然，这里的红色文化生态体系不仅仅是和20世纪上半叶中国共产党的革命运动历程紧密相连，更是因其与历史传承和时代发展相融合而有着越发丰富的内涵及表征。换句话说，河北省的红色文化是四部分内容的结合，即中国共产党人在革命实践中领导创建的先进文化，慷慨激昂的燕赵文化，激情荡漾的马克思主义文化，拼搏进取的时代文化，从而形成了有机、紧密结合的“新红色文化”。

“自古燕赵多慷慨激昂之士”似乎成了燕赵人士的文化符号特征，由此引申出了学界大致统一认识的燕赵文化内涵，即“河北大地上形成的物质文化、制度文化、思想观念、生活方式的总成”(1)。历史上，燕赵大地属胡汉交界之处，断续之间延绵千年的民族战争、杂居促使农耕文化与游牧文化不断碰撞、争锋乃至融合，形成了燕赵文化中独特的慷慨悲歌、任侠尚气之风。这种慷慨激昂的思想文化历经岁月的沉淀，凝结到燕赵儿女的血液中，并以价值理念、思想感情及行为表象的方式在优秀的河北儿女身上体现。自此以后，河北儿女身上呈现出鲜明的地域文化符号，承载着历史、地理、人文、社会的诸多信息，并将慷慨激昂、保家卫国、质朴纯善等诸多因素融入了燕赵文化中，谱写了一首反映燕赵文化发展历程与丰富文化内涵的优美而恢宏的史诗。

从河北马克思主义文化载体呈现的内容来看，用丰富多彩、寓意深刻形容毫不为过。以西柏坡、白洋淀、太行山为代表的红色遗址、遗迹是中国共产党在革命洪流中的历史印迹和物化生态，以“李大钊”“马本斋”“敌后武工队”“小兵张嘎”“狼牙山五壮士”为代表的红色经典是中国共产党在革命征程中的辉煌形象和艺术生态，以两个“务必”为代表的红色精神是中国共产党在革命年代中的理论升华和文化生态。在这种立体的马克思主义文化画卷中，反映的是一种动态的、斑斓的伟大进程。“吾

(1) 陈旭霞. 燕赵文化脉理探析 [J]. 中华文化论坛，2004（3）：84.

人是开辟道路的，是乘在这时的列车的机关车上，作他的主动力，向前迈进他的行程，增辟他的径路的。”(1) 李大钊式的燕赵优秀儿女以“铁肩担道义”之英姿前仆后继于革命伟业中，见证了中国革命的蹒跚坎坷与激情奋进，同时承载了红色文化的嬗变。

在建设中国特色社会主义事业的进程中，河北的红色文化融入了拼搏进取的时代精神，这使得红色文化在传承中得到了创新。拼搏进取的时代精神，是在河北经济社会发展的过程中，在自我创新的发展路径和人的全面发展的追求中所形成的思想特质。“没有一种内生型的精神资源和精神动力，河北永远不可能实现腾飞”(2)，可见无论是“经济强省”的发展还是“和谐河北”的构建，时代文化的培育必须符合社会发展与文化自觉等多重因素的需要。更为重要的是，时代精神的影响因子在“新红色文化”的体系中发挥着极为关键的作用，燕赵文化中安于现状、墨守成规的保守基因与马克思主义文化中政治观念强、人文关怀弱的意识符号在反思中激浊扬清，河北的红色文化在现代化转换中成功创新，发展为具有强烈地域特色的先进主流文化。

三、弘扬红色文化推进思政课实践教学工作的路径分析

在思政课实践教学中弘扬红色文化，必须建立行之有效的融入与传播路径。从河北红色文化资源融入思政课实践教学的现状来看，构建课堂教学、社会实践、网络宣传三位一体的传播路径，将对文化传承与和谐构建视角下弘扬红色文化推进思政课实践教学工作大有裨益。

---

(1)《李大钊传》编写组 . 李大钊传 [M]. 北京：人民出版社，1979：225.

(2) 朱文通，梁文 . 新河北人文精神的内涵界定与实践意义 [J]. 河北学刊，2006（2）：176.

红色文化要在学校的人才培养战略中发挥积极的作用，思政课的主渠道作用优势明显。就河北红色文化彰显的思想感情来看，它再现了在河北大地上反映最广大人民利益的价值观嬗变与伟大实践，这种价值观与实践把国家利益、民族利益、个人利益统一到共产党领导的对国家出路的探索与为人民谋幸福的努力上。特别是河北红色文化所呈现出来的政治立场、理想信念、思想作风和价值追求，与今天大学思政课所表达的教育教学理念同质同源，能为课堂教学提供丰富的优质资源与正确的教育导向，使课堂教学充分体现出红色文化的先进性、纯洁性。

社会实践是学生“内化”红色文化所蕴含的先进、纯洁思想道德情感的重要环节。河北是红色文化资源大省，拥有1个革命圣地、2条黄金路线、5大红色旅游区、10条精品路线、30处重点景区，诸多的红色文化资源是在中国革命和建设的具体实践中融合本土文化而生成、演化的，可以引导受教育群体体验跌宕起伏、深厚凝重的本土红色文化，丰富的红色文化资源为社会实践提供了充裕的选择。因此，组织有计划的、目的性明确的社会实践，实际上是令学生以直观感悟来体察红色文化所蕴含的社会发展规律及人生真谛的独特认知，是把主题教育和日常教育、聚合式教育与辐射式教育、个体体验式教育和群体体验式教育、“激励式”教育与感染式教育等结合起来[(1)]，使学生在近距离观察文化古迹、历史文物、纪念场馆、历史文献、文艺作品等红色文化的物化形态时，去感悟蕴含在其中的理想信念、道德情操与价值取向，进而升华自身的思想道德境界。

与课堂教学相比，网络宣传是弘扬红色文化德育功能的新阵地，是大学生思想整治教育的重要社会实践场域，这对加强网络文化建设、净化网络空间提出了更高的新要求。红色文化蕴含的先进文化因子是构筑网络思

---

(1)李康平，李正兴．论德育中红色资源的有效运用 [J]. 中国高等教育，2006（23）：45.

想、整治教育阵地的活水之源。从网络空间构建的指导思想来说，必须高举中国特色社会主义理论体系的伟大旗帜；从网络空间构建的内容来看，应该将多形式、多层次的正能量内容以学生关注的知识链展现出来；从网络空间构建的方式来看，应该开发主旋律软件、建设主旋律网站、成立主旋律论坛。网络宣传的社会意义与时代价值就在于“让各种先进的思想和文化在校园网上唱响主旋律，利用网络对师生进行政治、思想、道德品质和心理素质教育”[1]，使主流文化占领网络阵地的制高点，使网络成为弘扬主旋律的重要阵地，通过影响学生的网络认知来引导其形成良好的上网意识，提高他们分辨是非、抵制腐蚀的防御能力，使其形成正确的价值理念与思维模式，最终成长为符合社会需要的德识兼备之才。

地方红色文化资源是中国先进文化的重要组成部分，高校是培养中国特色社会主义事业建设者的重地，思想政治理论课是二者结合的契合点。地方红色文化资源和高校思想政治理论课应该建立互动关系，地方红色文化资源可以丰富思想政治理论课的教学素材，高校思想政治理论课可以提供地方红色文化的有效传播载体，二者的良性互动对高校教育教学的改革、地方的社会发展和文化繁荣是大有裨益的。

（1）徐朝亮，周琰培 . 利用红色文化提升学生思想政治教育成效 [J]. 继续教育研究，2009（7）：100.

发挥高校社团在思政课实践教学中的作用

付素霞

2006年12月，习近平同志在对全国高校思想政治工作会议上发表重要讲话，强调高校思想政治工作关系高校培养什么样的人、如何培养人以及为谁培养人的根本问题，指出要坚持把立德树人作为中心环节，把思想政治工作贯穿教育教学全过程。思想政治工作从根本上说是做人的工作，必须围绕学生、关照学生、服务学生，不断提高学生思想水平、政治觉悟、道德品质、文化素养，让学生成为德才兼备、全面发展的人才。加强高校的思想政治工作要充分发挥高校思政课主渠道的功能和作用，拓宽高校思政课的教学实践途径，而高校社团是校园文化的重要组成部分，是大学生认知社会、走向社会的起点，对大学生有非常重要的影响，在大学生成长过程中发挥着重要作用，是高校第二课堂的重要组成部分，所以思政课实践教学改革中积极探索学生社团与思政课相结合的有效办法，优化和完善思政课实践教学模式，可以进一步推进思政课的实践教学改革。

一、高校社团对大学生吸引力原因分析

随着“90 后”大学生进入大学校园，当代大学生的思想呈现出新特点。这一代人是在我国改革开放初见成效和中国经济飞速发展过程中成长起来的，伴随着信息技术的发展和互联网的运用，其思想和观念以及行为方式与以往大学生有明显差异，彰显着当代大学生的时代特色。每年的新生入学之际，大学生社团会成为高校校园里一道靓丽的风景线，对新生有着巨大的吸引力。大学生社团是大学生为了满足心理、文化、生活、社会需要而自发筹备并经学校有关部门批准成立的，具有一定目标、组织章程和活动规范的非营利性质的群众性业余团体组织。大学生之所以对高校社团抱有强烈的好奇心，与他们面临的环境变化有密切联系。第一，大学生自我意识增强。刚刚入学的大学生脱离了繁重、枯燥、僵化的高中生活，急于展示自己的自主思想和行为，而大学生社团在校园生活中对新生发挥自身特长、满足兴趣爱好、获取多层面支持等方面起着重要的作用，所以选择加入某一社团就成了其首选。第二，大学生活环境的变化带来人际关系的变化。随着上大学后生活方式的改变和空间上的变化，大学生在新的生活环境中可以接触到不同的人、不同的思想、不同的价值观，从而在比较中提高自己的独立思考的能力，为学生的发展提供了更广阔的空间。但大学空间的多元性，诸如地域上的差异带来的生活方式上的不同，远离父母带来的对自主生活能力要求的提高，多少都会给新生带来自我意识上的迷惑和矛盾。人际关系跟高中生活相比变得复杂，新生会对自己的发展及如何正确处理与他人关系的问题产生迷茫。当新生产生心理落差时，往往希望得到他人的帮助指导，得到他人的支持和关心。加入社团的学生会在共同的爱好、兴趣中产生亲近感，社团组织的活动可以使新生重新认识自我、他人与周边环境的关系，在自觉或不自觉间调整心态，完善自我。所以近年来，大学生社团呈现出蓬勃发展的态势，

无论是社团的数量、社团覆盖的领域、社团参与的人数、社团的影响力，还是社团的质量、社团的地位等方面都有了质的飞跃，社团的影响力在大学生中举足轻重。

二、思政课教学中的困境

传统的思政课在教学的方式、内容方面与时代的需要相去甚远，尤其是在大学生主体作用的发挥方面更是忽视了大学生已经是具有一定独立思考能力的人的这样一个现实，不能把思想政治课的内容与学生的需求结合起来。主要表现在以下方面：

（一）从思想政治课程教学的目的来看：偏重社会整体的需要而忽略了学生的个体需要

从大学思想政治理论课要达到的终极目标来说，不外乎是对社会秩序的维护和对个体成长的干预。从社会层面来说就是对大学生进行意识形态的灌输以达到满足社会管理需要，以维护现有秩序的稳定性。从学生个体层面来说就是在其世界观、人生观形成的关键时期进行干预，使其能够顺利成长。二者的关系应该是辩证统一、相辅相成的，但是长期以来我国思想政治课程往往更加注重其社会目标而忽视学生个体在成长中的价值，过多地强调社会性的功能。与这种目标定位相对应的是在教育内容的设置上，倾向于政治与道德层面的理论说教，而对学生个体比较关心的在大学新环境中出现的现实问题，如个人存在意义、心理健康、职业规划、人际问题等则不够重视。片面的价值取向使部分学生认为思想政治理论课是事不关己的课程，从而采取应付、敷衍的态度。对个体成长过程缺乏有的放矢的指导也致使部分学生在理想与现实矛盾中无法自拔，甚至引发较为严重的心理问题与人格缺陷，严重影响了学生的健康成长。

（二）从思想政治课程教学的主客体来看：偏重强调教师的主体地位而轻学生的个体感受

受主客体二元对立哲学思想影响，教师往往自觉或不自觉地突出自己的角色和地位，把自己看成是主导者而把学生看作是可随意雕琢、加工的对象。因而在思政课教学中，老师扮演了正确思想的代表者，在课堂上对学生进行“满堂灌”式的说教，容不得学生对自己理论的任何质疑和探讨，缺乏与学生进行沟通和讨论的环节，使得学生认为思政课是教师的事，出现了课堂上经常有的“你讲你的，我干我的”的现象。雅斯贝尔斯曾经说过：“人，只能自己改变自己，并以自身的改变来唤醒他人。但在这一过程中如有丝毫的强迫之感，那效果就丧失殆尽。”思想政治课是通过对学生思想意识的影响来发挥其作用的，在这个过程中引发学生的共鸣更为重要。学生在课程中的个体实践体验对教学的效果有举足轻重的作用。所以，要改变过去教师依仗地位对学生进行强制灌输，造成的学生“口服心不服”的虚假接受现象。

（三）从思想政治课程教学的方法来看：偏重思政课教学形式的改革而轻对改革效果的考察

随着“教师中心论”的弊端不断显现以及授受理论在我国的广泛传播，一些教师开始尝试进行教学改革，从学生的心理特点与需求出发，积极发挥学生主体性，取得了不错的效果。但也有一些人走入另一个极端，主要表现有：一是将课堂完全交给学生，却缺乏必要的指导，导致课堂教学组织缺乏有序性，或者表面热闹但不能引导学生进行深刻的思考，使得教学效果大打折扣，思政课的改革也流于表面的形式。二是为了提高学生的到课率，吸引学生来到教室，播放大量的视频材料、影视剧，而没有把视频材料与基本原理有机结合起来，缺乏理论的提升与价值引导，教师为放视频而放视频，在手段和目的之间本末倒置。三是将学生观点引导出来而没有帮助其进行理论的分析。学生在大学校园里会接触形形色色的理论，鱼目混珠，但由于其独立思考能力的薄弱和对社会阅历的缺乏，难免会出现幼稚的想法和偏激的思想。思想政治课恰恰是帮助学生梳理思想、分辨真伪、去粗取精的机会，但由于教师不注重基本理论指导与价值指引，使学生把自以为正确的思想装入大脑中。最终的结果是改革的形式轰轰烈烈但由于老师未能发挥价值引导作用，改革的效果不尽如人意——学生思想认识并没有得到根本的改变与提升。

三、把思政课实践引入高校社团可以达到思政课与社团发展的双赢局面

把思政课教学实践引入社团，以喜闻乐见的形式将理论知识通过社团的实践活动引入，社团由此获得了进一步提升的空间，思政课获得了与学生近距离接触的途径，使社团和高校思政课水平都有所提升。第一，高校社团会增加思政课的内化，价值观相同。社团是受学生欢迎的一种组织，可以激发学生的主动参与性。参加社团的学生在兴趣、爱好、特长、观念方面有很多一致性，或者说是志同道合，彼此能从相互交往和共同相处中受益，这种一致性使学生在社团活动中表现出极高的热情和主动性，这种趋同性会增强学生之间的相互影响，在这种环境下进行的思政课实践活动会产生良好的效果。第二，学生加入社团是自己行为的选择，有很高的认同度，受众的人群也巨大。大学生加入社团是自主行为的一种选择，是进行各种比较后自我选择的结果，会从心理上对社团布置和组织的活动产生极大的参与热情，在这种情景下通过自己的实践而得出的结论会有很强的说服力，胜过在课堂上的理论说教。第三，把思政课的教学实践活动融入

社团活动中，可以提升社团活动的质量。大学生社团基本上是学生自发组织的一些活动，难免存在注重形式、过于肤浅，缺乏后期的思考深度等问题，使组织者往往为了活动而活动，达不到预期的效果。思政课教学实践的融入可以在一定程度上改善这种状态。

四、把思政课实践引入高校社团模式设想

第一，要在思政课教师指导下建立一些具有理论水平的社团。在当前的高校社团中不乏一些兴趣性、技巧性和公益性的社团，而理论性的社团却是相当匮乏。大学生作为社会主义建设的接班人，不仅要锻炼报效社会的技能，还应该关心社会的发展、改革。由于缺乏这方面知识的积累和关注，在学生中就分成两大类：一是认为社会的发展与我无关，我只要学好专业知识，将来毕业后有一份薪酬优厚的职业即可。另一类则是满怀报国之志，关心国家大事，但由于看问题的方法不正确，最终会失之偏颇。这就是缺乏理论素养所造成的。所以在学生中组建关于理论性的社团确有必要。通过举办一些讲座、沙龙、辩论会等活动，对热点问题进行剖析，帮助学生在对具体社会问题关注的过程中提高认识，辨别对错，把课堂内容具体化，使理论与实践有机结合，帮助学生提高认知社会的能力。第二，选择适合进行思政课教学实践的社团。高校的社团数量众多，风格各异，要根据社团的性质来设置思政课教学实践的内容。依托理论学习型社团，发挥在大学生思想政治教育中理论学习基地的作用。以理论学习型社团为依托，广泛开展一些活动，如：关于中国特色社会主义理论的征文活动；请专家做国情分析报告会，帮助大学生了解中国国情；设计一些调查问卷在大校园进行调查，了解大学生对国际国内新闻大事的关注程度，使大学生对国家建设、民族利益有更多的思考，进一步增强青年大学生的历

史使命感和时代责任感。对一些理论结合实践类社团，与大学生思想政治教育的社会实践基地对接，引导学生参观一些红色教育基地、美丽乡村、工业园地、展览馆等，使学生亲身感受我国社会主义建设的巨大成就，树立制度自信。要有目的、有计划地组织大学生利用假期或者社会实践课程积极投身社会大课堂，让他们通过亲身体会、实际接触了解社会，从感性上认识我国各项事业所取得的巨大成就，使大学生形成、树立科学的理想信念，增强建设中国特色社会主义事业的价值认同度、历史责任感。对一些专业性的社团组织，如环保协会、爱心社、法学社、英语社团等，充分利用各自社团优势，举办环保知识讲座，倡导绿色生活方式。到孤儿院、敬老院进行义务劳动，跟老人、孩子聊聊天，给他们送去精神温暖。在社区开展“献爱心、送温暖”活动，开展义务献血、为下岗工人孩子免费家教等活动。开展“送法下乡”活动，了解农村、农业、农民的现状，通过亲身实践，增强责任意识、公德意识、劳动意识、自立意识、环保意识，提高思想政治觉悟。第三，对一些重点社团设置专门的思政课老师，提高社团活动的质量。发挥思政课老师的优势，对社团活动进行扶植。高校社团是以学生为主体组织起来的，难免在理论深度上存在一定的盲目性，缺乏活动的自觉性。思政课老师的介入可以在一定程度上改变这种状况。在活动题目的设置上进行干预、审查，在活动的过程中给予指导和帮助，在活动结束后进行引导，把发现的问题与课本的理论相结合，使实践活动更具有深度，使学生能在实践活动中得到思想政治水平和个人素质的双重提高，避免社团的实践活动流于形式。第四，对参与思政课教学实践的社团给予一定的经费支持，使他们可以更好地组织一些活动，深入社会、发现问题，进行独立自主的思考，得出自己的结论。把“没有调查研究就没有发言权”的方法落实到实处，逐渐改变只从网络或道听途说就轻信结论的认识问题的习惯。

总而言之，高校的思想政治工作是一个全范围、系统的工作，高校的大学生思想活跃，文化素养较高，单纯的理论说教对他们来说已经远远不够了。必须给他们创造接触社会、身体力行进行实践的机会，在实践中体验社会、认识社会，把在课堂上学到的理论知识转化为自己的自觉意识。而学生社团就是高校内一个有效的载体，充分发挥这个实践载体的作用，将有效地提升思政课的教学实践效果。

【参考文献】

[1] 王造兰．迷茫中理性动机的考察 [J]. 法制与社会，2008（12）：235.

[2] 郭华鸿．从“授受分离”到“授受合”——高校思政课教学的困境与出路 [J]. 黄冈师范学院学报，2014，34（4）：140-142.

[3] 吴冬梅，孙勇．发挥学生社团在大学生思想政治教育中的作用 [J]. 安徽农业大学学报（社会科学版），2005，14（1）：83-85.

新媒体时代高校思想政治理论课实践育人模式研究

何 珊

2016年12月，习近平总书记在全国高校思想政治工作会议上指出："要运用新媒体新技术使工作活起来，推动思想政治工作传统优势同信息技术高度融合，增强时代感和吸引力。"实践育人作为提高当前高校思想政治理论课有效性和实效性的重要方法和手段，如何因时而进，如何结合新媒体进行实践育人模式的创新成为高校思想政治理论课研究的重要课题。

一、新媒体时代高校思想政治理论课实践育人模式的内涵

新媒体时代的高校思想政治理论课实践育人模式，就是以学生为中心，将新媒体技术融入思想政治理论课的实践教学中，对实践教学的方法、内容和过程等进行重构而形成的育人模式。具体来说，新媒体时代的高校思想政治理论课实践育人模式的特征包括以下几个方面：

（一）时效性和广泛性

在以新媒体为依托的实践育人模式中，学生所获得的不仅仅是与教材相关的内容，更重要的是可以通过思想政治理论课实践教学网络平台、实践教学专属微信公众号及QQ兴趣部落等新媒体，获得更丰富、更广泛的实践素材。这样，原来以课外活动为主要方式的实践教学以更加生动的立体化的方式呈现在学生面前，以便更易于激发学生参与实践教学的积极性、主动性和创造性。同时，思想政治理论课教师可以随时根据实践教学目标，及时地整合、更新和完善各种实践教学资源，从而使思想政治理论课实践教学的内容能够与时俱进，更具有时效性和针对性。

（二）开放性与互动性

由于互联网具有共享性和虚拟性，与新媒体平台相融合的思想政治理论课实践教学将由过去传统的任课教师与学生之间的交流变成教学团队与学生的即时互动，交流方式从面对面的方式转向了线上与线下相结合的立体方式。在实践教学过程中，教师可以借助新媒体随时随地地与学生展开教学活动，从而拓展实践教学的时间和空间，使其更具有开放性；学生亦可在新媒体上浏览自己感兴趣的内容，发现问题后可以通过新媒体随时与教师进行沟通交流，或与其他学生进行讨论，使得学生的实践活动更具互动性。此外，微博、微信群和QQ群等互动平台，实现了师生之间“点对面”的互动交流，使大学生群体能够广泛地参与到话题讨论、经验交流及知识竞答等网络实践活动中来。在这种大学生群体广泛参与的网络交流和互动过程中，学生之间、师生之间能够产生各种思想的碰撞，而这种碰撞过程无疑也是教学相长的过程。

（三）完整性和系统性

新媒体时代高校思想政治理论课的实践育人模式不是一个分散化的、零碎的概念，它在整个教学过程中既注重实践方法、内容和过程，又注重实践育人的成效，是一个紧密相连、不可分割的有机整体。此外，新媒体时代高校思想政治理论课的实践育人模式是一种以新媒体技术为依托的实践育人模式，其组成部分既包括与实践育人各个环节相关的子系统，又包括实践育人活动顺利实施的保障机制，因此，新媒体时代的高校思想政治理论课实践育人模式是一种具有完整性、系统性的模式。

（四）主体性和参与性

与传统思想政治理论课的实践育人模式相比，以新媒体为依托的实践育人模式中，学生的主体性得到了极大的拓展，突出地反映在他们通过实践教学专属微媒体平台参与网络实践互动活动或利用其完成社会实践时，所表现出的自主性、主观能动性和创造性等方面。微博、微信以及 QQ 群、QQ 兴趣部落等为学生提供了一个具有个性化的互动环境，是一个让学生思想可以自由交流和碰撞的空间。对于思想政治理论课专属的微媒体平台所发布的信息和讨论话题，学生可以根据自己的意愿进行选择，可以自由地发表自己的思想观点，不受外界控制，真正实现了畅所欲言，充分体现了学生的主体性。这种根据自身意志进行取舍和创造的主体性，又极大地激发了学生主动参与实践活动的兴趣和热情。

二、构建新媒体时代高校思想政治理论课实践育人模式的必要性

据上海交通大学发布的《2015 年中国大学生媒体使用习惯调查报告》数据显示，大学生几乎每日都会接触互联网，超过 90% 的人每日使用时长超过两小时，仅有 1.1% 的大学生从不接触互联网。其中，QQ 是大学生日常使用最多的媒介，其次是微信、微博，所占比例分别为 88.3%、84.9% 和 60.7%。 以上数据表明，QQ、微信、微博等互联网新媒体，成为当前

大学生获取信息的主要途径。这种情况说明了新媒体引起大学生生活方式，特别是学习方式发生了很大改变。这种变化对高校思想政治理论课而言，既是机遇又是挑战，因此，构建以新媒体为依托的实践育人模式具有一定的重要性和必要性。

（一）以新媒体为依托的实践育人模式的构建依据

当前思想政治理论课实践教学面临的现实困境是构建以新媒体为依托的实践育人模式的现实依据。思想政治理论课是高校大学生的公共必修课，实践育人是增强思想政治理论课教学实效性的一个重要方式。但是，思想政治理论课的实践育人模式和具体实施方案，在不同高校之间还存在很多分歧。大多数高校在思想政治理论课的实践活动中普遍采取的是参观考察、研讨交流、社会调查等方式。这种方式在一定程度上增强了思想政治理论课的教学效果，但其中也存在很多难题和矛盾，比如学生人数庞大与社会资源承载能力有限的矛盾，学生的人身安全保障问题，学生应参与人数与实际参与人数不对等的问题，等等。这些造成了当前思想政治理论课的实践教学陷入了活动方式单一、学生参与率低和覆盖范围小的现实困境。要解决这些现实问题，就需要结合大学生心理特点及学习特点，对实践育人模式进行有效创新，而以新媒体为依托的实践育人模式则是对当前高校实践育人模式所处现实困境的一种有益探索和尝试。

（二）思想政治理论课实践育人模式创新和发展的必然趋势

由于以新媒体为依托的实践育人模式不受环境和时空的限制，学生通过思想政治理论课实践教学网络平台、实践教学专属微信公众号和微博、QQ 部落等，随时都可以参与到实践教学活动中来，从而使得实践教学的参与率大大提高。另外，通过新媒体平台实现视频、音像及图文等实践教学资源共享，有助于解决思想政治理论课实践教学中经费不足、学生人身安全保障措施缺乏及实践基地有限等现实问题。此外，在以新媒体为依托的实践育人模式中，学生处于主体地位，可以按照教师布置的相关实践任务，自主地选择自己感兴趣的话题参与实践教学活动，深化对理论知识的理解与思考，从而有效地调动学生学习的积极性、主动性和创造性。因此，利用和发挥新媒体资源共享和即时沟通的优势则成为思想政治理论课实践育人模式创新和发展的必然趋势。

（三）创新思想政治理论课实践育人模式的现实条件

以往传统教育方式是一种单向教学方式，即教师授课，学生听课。即使是在课外的实践教学中，也往往是教师布置实践活动，学生被动地根据教师提出的教学目标和要求进行实践活动。这种单向教学方式容易忽视学生的主体地位，甚至严重影响到育人效果。新媒体作为网络时代的重要产物，具有速度快、信息容量大、互动性强、传播渠道多、信息资源海量等特点。它深刻改变着人们的生活方式，尤其是教育和学习方式。将新媒体技术与高校思想政治理论课相融合，使原来单向教学转变为师生之间双向互动教学模式，特别是在实践教学活动中，学生随时可以和教师进行沟通，及时处理实践过程中出现的问题，及时分享自己的体悟心得，教师也能够根据学生反馈的问题对实践目标和实践内容进行调整。这种双向教学模式会使整个思想政治理论课实践育人过程由封闭走向开放、由单一走向多元。所以，新媒体技术的广泛应用无疑为思想政治理论课实践育人模式的创新提供了现实条件。

三、新媒体时代高校思想政治理论课实践育人模式的构建

新媒体时代高校思想政治理论课实践育人模式的构建是一个完整的系统工程，不仅要搭建以网络技术为依托的实践教学平台，实现实践教学的流程化，提高实践教学的共享性和时空延展性，还要建设以微媒体为依托

的网络实践平台，实现师生在即时互动中教学相长。同时，要建立保障机制、内容支撑机制以及兼具新媒体应用技术和思想政治理论素养的教师团队，使得以新媒体为依托的实践育人模式能够有序、有效地发挥作用。具体分析如下：

（一）搭建以网络技术为依托的实践教学平台

思想政治理论实践教学平台是以网络技术为依托，由实践案例、视频资源库、优秀作品展示、实践活动的“现在时”等不同模块构成的，其功能主要分为三个方面：第一，实现大学生实践活动流程化，即实践形式的选择，实践活动的选题、实践活动方案的制订、实践作品的提交、实践作品的成绩评定等相关实践活动步骤均在实践教学平台上以流程的形式完成。这不仅便于任课教师了解和掌握学生的实践活动进度，还能够充分调动学生参与和完成实践活动的自主性。第二，增强大学生实践活动共享性，即通过在实践教学平台上展示以往优秀实践案例和实践作品，使得大学生特别是初次参与思想政治理论课实践活动的大一新生，能够在短时间内充分了解思想政治理论课的实践形式、内容和相关流程，并且还能从中借鉴丰富的实践经验，从而提高实践成果质量、提升实践育人效果。第三，提高大学生实践的时空延展性，即通过在实践教学平台上建立以红色文化、马克思主义理论、社会主义核心价值观等为主题的视频资源库，使得大学生通过观看视频，对红色文化、马克思主义理论及社会主义核心价值观等相关内容产生身临其境的情感体验，从而打破大学生实践的时空界限，丰富实践形式和活动内容。

（二）构建以微媒体为依托的网络实践平台

微媒体是目前以微博、微电影、微小说、微信、微电台等为代表的“微”事物形成的媒介矩阵，以去中心化、草根化、开放式的理念得到了大学生群体的喜爱。虽然博客、论坛和网站等都是信息发布的重要平台，但是相比之下，微博所具有的便捷性、交互性和时效性更为突出。哪怕是只言片语，也能使大学生可以随时随地将所见、所闻、所感通过简短的文字发布到微媒体界面上。在新媒体时代，微媒体具有强大的融合性和高效的传播力，在高校思想政治教育中的作用不容小觑。因此，构建以微媒体为依托的网络实践平台，是高校思想政治理论课的实践育人模式中不可或缺的一个环节。一方面，可以开通思想政治理论课实践育人活动专属的微信公众号、微博及QQ兴趣部落等，定期发布与思想政治理论课内容相关的社会热点问题，组织学生针对微媒体平台所发布的问题，进行网上的“微竞赛”“微讨论”“微辩论”及“微演讲”等网络实践活动，从而增强思想政治理论课实践育人活动的趣味性和参与性，有效引导大学生对社会热点问题形成正确认识，同时，还提高了大学生明辨是非的能力。另一方面，可以建立思想政治理论课实践专属的微信群、QQ群，开辟师生互动交流的微媒体平台。微信群、QQ群等微媒体互动平台可以有效地利用网络的虚拟性和匿名性，畅通师生进行思想交流的渠道，拉近师生之间的心理距离，便于教师及时解答学生在日常生活实践活动中遇到的疑惑，及时掌握学生思想动态，从而提高高校思想政治教育的针对性和实效性。

（三）建立保障机制和内容支撑机制

虽然将新媒体技术应用于思想政治理论课的实践育人模式中具有独特的优势，但还具有不可避免的缺陷。比如，新媒体缺乏可控性，各种信息纷繁复杂、良莠不齐，很容易引起当前大学生价值观念的多元化，给高校思想政治教育带来一定的阻力；新媒体还具有一定的无序性，导致一些大学生的网络行为失范。因此，构建以新媒体为依托的思想政治理论课实践育人模式，一方面，要建立保障机制。相关部门要加强网络管理部门职能，运用先进的技术手段，严格监控进入网络内的信息，最大限度地防止负面信息进入网络，最大限度地保障大学生所处新媒体环境的健康纯净。

另一方面，要建立内容支撑机制。实践活动主题和内容是实践育人模式中的重要组成部分。虽然在新媒体时代，高校思想政治理论课的实践内容资源愈加丰富，但是其核心内容应该是符合时代发展，体现民族精神，符合大学生发展需求的内容，因此，要建立实践育人模式的内容支撑机制，通过对庞杂的网络信息进行识别、过滤和筛选，将符合时代发展，体现民族精神，符合大学生发展需求的网络信息有效转化为实践活动主题和活动内容，从而确保实践育人模式既能紧跟时代步伐，又能满足大学生成长成才的需求。

（四）建立兼具新媒体应用技术和思想政治理论素养的教师团队

在当前新媒体时代，以手机、计算机和互联网等数字媒介为特征的新媒体给高校思想政治理论实践育人的方法、内容和过程等都带来了较大影响。由于互联网资讯庞杂、信息量大、传播迅速，网上管理、引导和建设工作十分艰巨，因此，要构建以新媒体为依托的实践育人模式，就需要建设一支思想政治理论素养和新媒体技术兼具的教师团队。在日常的实践育人活动中，能够通过新媒体平台，快捷、准确地捕捉、了解到大学生在实践活动中遇到的问题以及产生的思想变化和真实想法；能够在一些失实报道、错误言论盛行时通过新媒体及时、主动地对大学生进行正面教育和引导；能够在人学生日常的网络生活实践中，与大学生平等地交流实践感悟，进一步强化大学生在实践中获得的思想认知，从而有效提升思想政治理论课实践活动的育人效果。

移动互联网时代下的思政课实践教学的思考

武扬帆

移动互联网已经走进我们的生活，并在悄悄地改变着教学的理念。移动互联网时代发展迅速，互联网已经逐渐改变了人们的生活方式、接收信息的方式、参与社会的方式。创新已经成为社会的高频词汇，教学模式不能再停滞不前，而是应该借助互联网，丰富教学的内容、创新传播知识的模式。尤其是在大学全面进入“95后”时代，我们的大学思政课社会实践也需要了解“95后”大学生的特点与需求，转变思政课的教学模式，运用创新思维来适应移动互联时代。

一、移动互联网时代下提升思政课实践教学的内核

互联网的新思维对提升当下思政课社会实践教学的内涵有着至关重要的引领作用，因为互联网已经在深深地影响着“95后”“00后”的生活方式以及思维方式。如果思政课教师没有意识到互联网思维的重要性，这

将不利于思政课教学的开展，更不利于思政课社会实践教学的进行。互联网的作用越来越大，老师可以通过互联网搜集各种资料进行备课，学生可以通过互联网了解各种新闻。在这个过程中，学生可能因在互联网上看到滞后的、重复的信息而耽误学习思考的时间，也会受到各种社会思潮的影响，左右自己的价值判断。这时就特别需要思政课教师的思想引领作用，为学生去伪存真，答疑解惑，在思想上影响学生。思政课实践教学的内核就是正确引导学生的价值观、爱国精神以及创新精神，我们要善于学会运用互联网的新思维，增加与学生课堂上与课堂下的交流互动，了解大学生的心理特点与需求，让大学生积极主动的参与课堂教学，进一步理解思政课中理论的背景与内涵。

（一）思政课社会实践教学，丰富教学的内涵

因为思政课的课堂时间的有限，学生学习的知识不够深入，所以非常需要增加思政课社会实践教学的方式来拓宽大学生的视野，只有理论联系实际，才能让大学生深刻领会党史、中国特色社会主义理论体系的形成与发展的过程。鼓励学生去爱国主义教育基地参观学习，实地了解红色精神的内涵，实现双向互动。学生可以通过互联网查阅资料，关注爱国主义教育基地的微信公众号、微博，积极主动地参与线上的知识问答等活动。思政课社会实践教学是对思政课的重要补充形式，可激发大学生关心时事和国家大政方针的热情。鼓励学生深入社区、企业、爱国主义教育基地、博物馆等实地调研，比如开展关于改革开放以来家乡的变化、大学生眼中的两会、农村留守儿童情况、网络文化对大学生的影响、当地文化产业的发展状况、城市公民的社会公德状况、全民阅读状况调查等调研活动，令学生通过问卷、图片、视频等丰富的资料，更深入地了解社会热点问题，提出更好的有建设性的建议。

（二）思政课社会实践教学，加强与学生的互动交流

思政课通常是大班教学，课堂互动的条件受到限制，但是可以利用移动互联网，在课下与学生通过 QQ、微信等方式交流，互联网的平台让学生可以通过给老师 QQ、微信留言等方式，得到老师的指点与好的建议，这样的交流方式更加方便、快捷、及时、有效。“95 后”大学生作为互联网的“原住民”，能够主动地参与互联网的话题讨论，增加了他们的话语权，比如微博的热门话题讨论，很多都是大学生的主动参与，他们总是积极发表自己的观点。老师有必要经常了解学生发的微博、微信等动态信息，了解学生的思想动态，更好地解答他们的困惑和疑惑。移动互联网是一个理想的、平等的平台，老师根据学生实际调研遇到的问题，随时可以解答他们的困惑。例如老师可以把思政课实践教学的相关资料发到 QQ 群的共享文件里，学生可以主动下载资料；也可以通过 QQ 群结成互动小组，课下积极讨论小组的问题，老师再予以指导和建议。QQ 群的讨论交流方式，使同学们变得更加活跃、主动与认真。通过这样的新的学习交流平台，学生们主人翁的意识在逐渐增强，比如非常关心两会的热搜榜，了解两会新出台的法律法规，关注就业问题、环境问题、扶贫问题、外交问题等，学生们主动搜集相关资料，主动建言献策，对国家和社会有了更强烈的责任感和使命感。

（三）思政课社会实践教学，增强教学的吸引力与说服力

思政课要让学生信服，学生才会喜欢思政课。应该增加思政课的理论深度，丰富思政课的理论视角。理论与实践不是对立的，要利用理论视角来指导社会实践。因此，思政课教师需要不断提升自己教学和科研的水平，多参加学科的研讨会、培训，不断地充实和提高自己的业务水平，才能更好地备课和上课。这样做既是对自己负责，也是对学生负责。老师的一言一行对学生的影响是非常大的，所以老师更要严格地要求自己，学习更多不同学科的理论与视角，参加更多社会实践活动与思政课的培训，多去社区、企业调研，开阔视野，增长见识。教学和科研并不是互相矛盾

的，而是互相促进、互相补充的。教师只有平时多看书学习、多思考、多研究问题，才能促进教学中对理论的深入挖掘和深入思考。教学过程中积累的经验也能提升科研水平。思政课教师结合现实问题与理论的深入探讨，才能更好地引导学生对一些热点问题的理解。

二、思政课实践教学的创新举措

（一）思政课课堂增加实践环节，使学生主动参与教学

思政课的课堂不仅仅只是讲授理论，而应该让学生改变以往的学习模式，主动地参与课堂教学，更好地理解理论内涵。比如每节课课前十分钟，让学生用 PPT 的形式展示对时事热点问题的理解。学生现在主要通过手机上网了解新闻，可以让他们利用如手机 App、微博、微信等媒介平台搜集信息，对图片、视频进行加工，分小组展示他们的成果。这些现实生动的例子，是对教材的补充，也让思政课课堂教学增加了互动性、鲜活性和时效性。学生现在特别容易依赖手机，对理论知识不感兴趣，这就需要老师的积极引导。比如针对当下热门的时事问题，让学生先提出自己的看法，教师再进行总结，提炼出学生的疑问和困惑，针对这些问题再来深入解析，使学生自然地、主动地参与教学。这样的互动方式，可以提升学生的表达能力和思考问题的能力，使学生在学习过程中有更深的收获和感悟。另外，可以通过微信公众号的建立或者微博留言的方式，让学生把自己参与思政课教学的感受、感悟与思考写出来。这都是教师改进思政课实践教学的好素材、大启发。我们要运用互联网的平台互动，通过点滴作用的积累，不断提升和丰富实践教学的形式。

大学生一直以来对思政课有误解或者偏见，认为思政课枯燥无味、理论性强、和生活脱节，对思政课没有学习兴趣和动力。如何改变这一被动

的局面？这就需要改变传统照本宣科的方式，增加在课堂的互动讨论，教师也应结合时事政治将最新的、鲜活的案例结合理论进行深入的分析，使学生主动去教材中重新理解理论的深意。

（二）思政课教师应主动承担职责，带领大学生实地调研社会热点问题

思政课不能局限于理论，学生被动地学习，不如主动学习对他们的价值观影响更大。因此，应该采取各种方式来调动学生主动学习的积极性。比如带学生去西柏坡、华北烈士陵园、省博物馆等地参观展览，让学生实地了解红色革命圣地的历史，提升学生的爱国精神、爱国热情。让学生带着问题去实地调研，了解为什么西柏坡是红色革命圣地？为什么新中国从这里走来？西柏坡精神到底是什么？让学生带着若干个问题，带着自己的思考，去实地寻找答案。这样才能使学生更关注社会热点问题、历史问题，而不是为了考试而学习，纸上谈兵。让学生以小组的形式对实地调研活动进行汇报，思政课教师进行总结。这样做既可以丰富课堂的学习方式，也会不断刷新学生对思政课的认识。应该不断适应互联网的发展，为思政课注入新的活力。

有的学生认为在实践活动中，遇到了各种形形色色的人，也增强了他们与不同人沟通的能力，当中也会辛苦，也会有失败与苦涩，但是结果是好的，这次实践是有重要意义的。以一个参与思政课实践教学的学生所写的感受为例：经过这次活动，更加认识到社会实践的重要性，还有就是在总结问题的过程中发现，思路清晰更有利于分析结果，还是需要发散性思维，不能一味地为解决问题而解决。还是需要更多的锻炼，敢于去发言，善于去发现，积极地去思考。大学生暑期社会实践对于当代的大学生来说是十分重要的，它不仅可以增加社会阅历，使得以后进入社会时不会有那么多的不适应，改变了我们学生时代的青涩模样，还可以将我们平时在书中在课堂上学到的知识转换为实际，让知识变得更有意义。

（三）通过互联网的平台，及时把学生参与实践教学的感受总结并发布

思政课社会实践教学不能离开互联网这个重要平台，借助互联网平台，学生可以把自己参与社会实践的图片、感受传到微博、微信或者QQ空间，在互联网上记录下点点滴滴，把参加思政课实践教学的感受及时发布到互联网平台上，老师也可以借助平台进行点评与指导。把思政课实践教学常态化、系统化地进行梳理，总结经验，挑选典型的、有特色的案例，发布在互联网微信公众号的平台上。 互联网本身具有分享、快捷、参与的理念，更符合“95后”大学生的心理特点与喜好，所以需要积极引导学生通过图片、视频等形式及时将自己的感悟分享发布在微信、微博上。

有学生认为：暑期社会实践，不仅深入地了解了淑阳镇地区人民群众对京津冀一体化的认识、认知情况，以及京津冀协同发展对淑阳镇人民群众个人生活、社会经济的影响等，自身也进一步对京津冀一体化政策有了更深刻的认识与理解，对京津冀一体化深入落实情况与对家乡社会经济情况的影响有了更进一步的了解。所以，只有首先拥有足够的理论知识再去做调研，才能找到正确的方向，才能更高效率地完成调研。现在的大学生普遍较少参与实践活动，少了很多社会经验，包括如何去与不熟悉的人进行沟通，如何与不同年龄、各色各样的人进行沟通，如何去了解社会上人们的想法，等等。他们普遍重视理论学习，忽视实践环节，因此往往会与社会脱节。由于社会经验太少，日后在实际工作岗位上发挥得就不是很理想。所以对于大学生来说，实践真的是太重要了，自己很珍惜这次暑期社会实践。只有懂得全面地发展自己，把理论与实际相结合，才能更好地提高自己。

也有的学生认为：在实践过程当中要踏踏实实、认认真真地去完成任

务，要用好的心态面临每件事、每一天。细致观察和思考很重要，要有自己的想法。社会实践锻炼了我们各方面的能力，实现了自我价值，丰富了社会经验，使自己变得更加成熟，为自己的人生道路打下坚实基础。

从学生的感受可以看出，学生在参与实践之后得到了锻炼，有些在学校学习的理论得到了印证，使他们加深了对社会的认识，提高了总结、归纳和概括的能力，提升了人际交往的能力，总之受益良多。

三、对思政课实践教学的几点思考

（一）创新实践教学的思维方式，贴近“95后”大学生的需求与特点

积极引导大学生主动融入课堂与课下的实践环节，提升学生学会分析问题、解决实际问题的能力。现代的大学生缺少社会实践、社会交往的经历，信息来源主要是网络和自媒体，传统媒体对他们的影响逐渐减弱。碎片化阅读加剧了大学生对社会问题的片面理解，常常一知半解，网络信息容易误导大学生对社会问题的看法。大学生需要增加阅读量，加深自己的理论功底，用不同的视角去分析现实问题，而不是脱离现实。积极参与社会实践也应该是大学生求真知的另一个重要途径，这就需要思政课联系当下热点问题，比如结合全面阅读的话题，引发学生的深入思考。目前，全民阅读已经连续两年被写入政府工作报告中，说明从国家层面相当关注这一问题。大学生的成长离不开阅读，阅读带给每个人养分和能量，全社会都应融入阅读的良好氛围当中。《朗读者》节目的高收视率，可以说明当下的人们在内心深处对精神生活有更高的追求和期待。全民阅读需要全社会达成共识，逐渐形成一种学习的氛围。如果我国国民的阅读量逐年增加，这也将是我国精神文明、社会进步的重要标志。教师可以通过这个案

例对学生进行引导，让大学生在学校、社区进行问卷调查，了解当地居民的实际阅读情况，针对现实问题，提出自己的建议和看法，并撰写论文。

（二）运用互联网新媒体的平台，加强与学生的课上课下的互动交流

互联网有许多好的资源，教师可以将其分享给学生。一些优秀的专家、科学家的讲座视频，可以推荐给学生观看，丰富他们的视野，增加他们的爱国情怀，传递正能量。通过视频，可以让学生受到科学家人格魅力的影响，激发他们的学习热情与奋斗精神，让他们从自己做起，自强不息。学生也可以通过微信、微博发布自己对思政课的感受、对思政课的建议、对思政课实践教学的感悟和体会等，教师可以适当增加与学生在互联网的互动交流，鼓励学生积极参与思政课实践教学。有的学生反映，从前谈到政治感觉离自己很遥远，甚至有些反感，但自从上了思政课，参与了实践教学之后，才逐步领略到个中趣味，很有意思，很有智慧。所以开始关注国内外各种政治、军事新闻，看时评，自己学到了很多。学生应该有大的格局观，对国内国际形势有深入的了解和思考，学校应多开展时事讲座、时事辩论赛、时事知识问答比赛等形式多样的活动，拓宽大学生的视野，使他们对时事政治增加学习的兴趣。比如关于“中美关系”、全面放开二胎政策、人口老龄化对中国的影响、英国脱欧等问题，请专家学者为学生面对面地剖析、解答，拓宽学生理论知识的深度与广度。因为教材有一定的滞后性，所以需要思政课教师平时多下功夫，加以补充新案例、新数据、新视角，使大学生在新媒体快速发展的背景下获取更多有用、有效、深刻的道理与知识。热点问题一直以来深受大学生的喜爱，他们慢慢发现关心时政新闻的同时自己受到了很多启发，更学会了怎样思考问题，怎样捕捉新闻的核心内涵，拓宽了知识面。学生通过思政课社会实践的参与，了解了国情、民生等问题，促使他们不断成长、成熟。社会实践

就是大学生的成长课堂。

（三）加强思政课教师的培训与研修学习，提升教师的教学与实践能力

思政课教师的素质提升是非常重要的，只有大量的输入，才会有大量的输出。定期的培训与研修是思政课教师学习与提升的重要机会。教师的视野与格局直接影响着大学生的综合素质。作为高校的思政课教师，必须主动学习，每天关注时事新闻，将重要的信息进行加工和润色传递给学生，总结提炼出好的例子和观点给学生讲解。高校思政课教师应该努力做到以下几点：第一，思政课教师应该多读理论经典著作，加强自身的理论功底和学术积累，这样在为学生讲课的过程中，才能深入浅出。第二，思政课教师还应该有探究学术问题的深邃眼光，持之以恒地对某一问题不断深入探索与思考，而不是浅尝辄止，功亏一篑。还有，对新闻深入的洞察力，也对思政课教师的综合素质提出了更高的要求。学无止境，教师不能有吃老本的心态，而是应该不断地探索，不断地丰富自己的知识体系及脉络。最后，思政课教师要有主动学习的意识，与时俱进，减少与学生的代沟，教学相长，既要吃透课本，又要有理论联系实际的能力，用简单的话总结出理论所包含的寓意使学生更容易理解并接受。

高校思想政治理论课教学的若干思考

李东雷

作为一名二十多年教龄的教师，我热爱自己的职业，非常喜欢给学生讲授思想政治理论课（以下简称“思政课”)。也许有人会质疑，你说的是真心话吗？你被“洗脑”了吧，讲话也带有政治色彩。我不想面红耳赤地加以反驳，因为，任何观点都可以心平气和地进行商榷。不要急于下结论，要实事求是地分析因果，这也是我多年来上“思政课”养成的一种习惯，收获的一个成果！

之所以说喜欢讲授“思政课”，基于以下两点：一是，干一行爱一行。过去二十年，随着学校的成长与发展，我的岗位有过几次调整和变化，但“思政课”一直是我的首要选择，我不想迷失自己。现在看来，“思政课”教师这个岗位会伴我终身。如果我厌恶自己的岗位，那么未来二十年，我会工作得很辛苦，更谈不上职业生涯发展了！二是，干一行精一行。干什么都需要认真的态度，都需要敬业精神。讲授“思政课”要将其内容吃透、讲活，要讲得畅快淋漓，让自己心情愉悦，让学生看到教师的认真和努力。否则，会有如鲠在喉的感觉，越讲越累，那就不是享受课堂，而是一种每天遭受煎熬的痛苦！喜欢“思政课”，热爱“思政课”，是达到以上目标的前提和基础。

多年来，在授课过程中，在向前辈的请教、学习中，我对“思政课”有一些基本的看法和体会，希望与同行们分享。

一、要敢于追求身份认同

每当有人问起在高校教什么课，我都会毫不犹豫地告诉他（她），我是一名“思政课”教师，甚至还会简单介绍“思政课”所包含的内容，从而让别人对我的身份了解得更清楚一点。我不想隐瞒什么、掩饰什么，这是光明正大的事。作为“思政课”教师，清晰的身份认同需要具备两个方面：一方面，是自我认同。很多高校，在马克思主义学院成立之前，一些“思政课”教师除了讲授“思政课”之外，还承担着其他一些专业课程，也就是所谓的“双重教学职能”，实际上“思政课”教学仍是主要工作。在这种状况下，我不止一次地听到过一些同行在向别人介绍自己时，不经意间把“思政课”教师这一主要身份抹去，或者打个“擦边球”，说自己是教“人文社会科学”的。的确不错，思想政治教育属于“人文社会科学”的范畴，但是“人文社会科学”包含的内容很多，哲学、历史学、社会学、伦理学、新闻学等均在内。为什么出现这种情况？实际上是身份认同的缺失、自信的缺失，总觉得所讲授的课程是搬不上台面的，低其他课程一等。这样的心态是要不得的！面对自己所讲授的课程，不谈神圣，不谈光荣，如果连“正常”的心态都不具备，何谈讲好“思政课”。另一方面，是他人认同。自轻自贱的心态纠正起来相对容易，只要自己有主动改变的意愿。但是隔行如隔山，获得其他专业教师、学校相关管理部门的认同是困难的。有的“思政课”教师播放教学片频次或在课件中穿插的视频资料较多，这是必要的教学手段，但其他专业的教师可能会觉得讲“思政课”太简单了，没有技术含量。有的“思政课”教师习惯于两小节课连着上或者将课间休息的时间缩短，必然会稍微提前一点时间下课。在偌大的教学楼里，一二百名学生喧闹离开，对正在上课教师的影响是显而易见的，他们立刻会对“思政课”教师产生“不执行正常上下课时间”的印象。还有个别“思政课”教师没有提前十分钟到教室的习惯，而是把打开多媒体、安装课件、调试扩音设备的时间也放在上课时间中，虽然仅仅少讲了五六分钟的课，但学生的眼睛是雪亮的，教务部门的监控也是可以捕捉到的，这样做换得的是较多负面的评价。一旦被贴上这样不好的“标签”，想改变需要付出巨大努力。

“思政课”有教学名师，有教学能手，也有讲课比赛优胜者，他们在自己所在的学校里是有影响力的，可毕竟是极少数。“思政课”教师想获得他人认同需要共同努力，在现有基础上做得更加“严谨”，不能因小失大。“细节决定成败”应该成为“思政课”教师的行动指南！

二、要勇于捍卫“思政课”

在高等教育课程体系中，“思政课”与高等数学、英语、信息技术、体育等被列为必修的“公共基础课”，而且“思政课”是对大学生进行思想政治教育的主阵地、主渠道，是指导他们客观、理性地看待和分析社会现象、问题的重要途径，是与西方敌对势力进行斗争的关键战场。基于此，“思政课”是唯一经由党中央核心领导层审定的高等教育课程，它地位的重要性是其他课程无法比拟的。然而，目前，很多高校没有完全贯彻教育部对加强和改进“思政课”教学的有关要求，执行力不足的问题非常突出，尤其表现在教学学分的设置上，出现了“明减”或“暗减”的情况。所谓“明减”，就是明目张胆地直接压缩“思政课”教学学分，比如，将思想道德修养与法律基础（简称“基础”）由3学分压缩为2或2.5学分，将毛泽东思想和中国特色社会主义理论体系概论（简称“概论”）由6学分减为4或5学分。所谓“暗减”，就是以实践教学的名义，将一部分课堂教学学分转为课外实践学分，比如，从中国近现代史纲要（简称“纲要”）课堂教学的2学分中拿出0.5学分给指导大学生课外走访老红军、老八路，从身边英雄人物感知中国革命的艰难历程，等课外实践教学。无论是“明减”或“暗减”，各学校都有充足的理由。有的说，大学生学习的课程门类过多，课业负担过重，需要降低总学分；有的说，大学生动手能力要加强，需要减少一些课程的学时来推进专业实践教学；有的说，“思政课”包括五门课（加上形势与政策），减少一点课堂教学学分无伤大雅。但是，大学英语课、体育课教学贯穿四个学期，高等数学“课程包”也至少要讲三个学期，却并没有因以上理由被删减。各种理由的潜台词是：对待“思政课”差不多就行了，没必要较真，其他基础课、专业课更应该加以重视。因为大学生的外语使用能力必须要加强，身体素质要保证，“考研”高等数学是难关、不能松懈，那就只能动“思政课”这块“奶酪”了！各高校领导和主管部门很清楚“思政课”的重要性，但面对一些二级学院、系部（所）的联合施压，只能无奈做出让步。这就是“思政课”在高校的生存环境！

作为“思政课”教师，除了搞好教学，确保“思政课”应有的地位也是职责所在。要让学生和其他课程教师明白，理想、信念、道德、情操是为人之道、立世之本，用大学的四个学期加以巩固、催化是有必要的！这样的道理需要日日讲、月月讲、年年讲，才可能产生一定的作用。反过来，如果“思政课”教师不能捍卫“思政课”的地位，不能充当主流价值观念的“布道者”，听之任之，那就是对青年学生的政治素养不负责任，是极其危险的。

三、要乐于精心备课

备课是讲课的前提，精心备课是愉快讲课的基础。“思政课”教师应该从精心备课做起，不断追寻满足感和价值感。对于新入职的青年教师，应该立足于精心设计、撰写规范的教案，认真分析教学重点和难点，吃透教材，对教学内容烂熟于心。踏实走好这一步，才能很快克服讲台“恐惧症”，才能在授课过程中更加灵活、更加“自由”。需要强调的是，青年教师在备课中需要指导。高校的马克思主义学院（思政部）应该为他们指定有经验的教师担任“导师”。通过传、帮、带，青年教师才能尽快成熟起来。对于有五年以上教龄的“思政课”教师，在备课中应该对自己提出更高的要求。首先，备课中要充当党和国家重大方针、政策的“解读者”，及时地将其渗透到教学中去。想让学生认识深刻，“思政课”教师必须自己先弄明白。同时，要讲究技巧方法，准确地与教材内容建立联系，而不是唐突地灌输。其次，要对社会现象、热点问题非常“敏感”，不能一知半解，不能落后于大数据时代的学生。在备课中敢于触碰这些东西，实际上也是教师能力的一种体现。最后，学生是课堂教学的主体，“思政课”教师在备课中要关注学生的所想所思，了解他们的日常生活。对学生成长中的困惑，教师应该有提前的预判，并能给出合理的分析、解释。如何才能做到以上三个方面呢？我多年来养成的习惯是每天阅读大量新闻，国内外时政、财政与经济、股票与投资、房地产与家居、科技与创新、旅游与教育、体育与娱乐、时尚与美容等无所不看，从中获取对教学有价值的东西，也使自己保持一个年轻的心态并跟得上时代的脚步。综合以上，“思政课”教师可以说是“超人”，在备课中要准备的不是“一桶水”，而应该是一条奔流不息的大河，要有足够的胸怀和气魄，随时准备解决各种各样的问题。这是“思政课”教师的独特性所在，与其他课程教师备课有着明显的不同。

四、要善于掌控课堂

高校“思政课”经常是大课堂，教师要面对一两百名学生。如何使课堂自由而又不失秩序，灵活而又不失规范，是任课教师经验、能力的试金石。因此，“思政课”教师要认真研究教学规律，善于总结教学技巧，从而才能有效掌控课堂。比如，每节课前五至十分钟该怎么使用？我一般会组织学生讨论一个热点话题，柴静的《穹顶之下》、内蒙古的“呼格案”、天津滨海新区“8·12”特大火灾爆炸事故、香港“占中”事件、“习马会”、“G20”杭州峰会、2016“美国总统大选”、“长征精神”，等等，都曾是我们课堂讨论的话题。这样做有三个好处：一是等等迟到的学生；二是让从宿舍赶到教室的学生适当调整（距离较远）；三是培养学生分析、解决问题的能力。这些话题可能是提前布置、让学生课下准备的，也可能是随机选择刚刚发生的国内外热点。一学期下来，十几个热点话题讨论，本身就是一个重大成果。当然，我会及时将表现突出的学生登记在教学记录表上，在平时成绩的评定中予以加分，从而使得学生的成绩构成更加多样、科学。还比如，如何在课堂上充分地调动学生？“思政课”教师不能一讲到底，这样的课堂是无趣的，应该善于在授课过程加入一些“小插曲”。有学生课前忘记了把手机静音，突然来电，响起的可能是一首流行的歌曲。这时候，我会停止讲课，让学生把这首歌唱几句，唱得好还要带头为他（她）鼓掌。学生会认识到自己的“疏忽”，比简单批评、挖苦几句效果要好得多。每学期英语四、六级考试前，一些学生会突击学习，他们只是为了能顺利通过考试，不是对“思政课”及其任课教师有多大意见。这时，我会走到某个学生身边，像家长一样轻轻拍拍他（她）的头或肩膀（我一般不会站在讲台上上课），让他（她）读几句英语并翻译出来。可能的话，我会对翻译的准确性予以评价。这样做，学生对教师的尊重明显提升，以后会主动规避这样的行为。每年“双 11”网络购物节，很多学生都会买些东西，为了抢购可能当天休息得很晚，第二天上课状态受影响，有的甚至呼呼大睡。这时候，教师也不要急于上纲上线地批评，完全可以和他们分享自己的购物体验，提醒他们注意购物陷阱，善于用法律维护自己的合法权益。这样做，一下子拉近了师生间的心理距离，他们知道了“思政课”教师也是和他们一样的普通人。与教师的距离缩短了，必然会促进学生对教师所讲授的知识入心入脑。再比如，如何处理好考勤问题？与其他教师一样，“思政课”教师会把考勤作为学生平时成绩构成的一部分，不能不做考勤，但不宜过于频繁（大课堂也做不到），要考勤到点、到位，真正起到督促、提醒的作用。我会把迟到学生集中安排在教室前几排就座，这样便于记住迟到的人数。课间休息时，一定问问迟到原因，并记住他们的姓名。以后再上课，争取能叫出这些人的姓名，学生觉得我是重视他的，会化消极为积极，也就愿意和我沟通教学内容。每次考勤，我会及时将结果登记在教学记录表上，不会拖到期末给成绩之前（如果不这样做，纯粹是为了期末打分而登记教学记录表，我是反对的）。只要有学生无故缺课两次，我会让班干部通知学生找我面谈，而且每次课前要找我报到。时间一长，又认识了更多的学生，甚至在课下我们会成为朋友。教学记录表变成“通讯录”，这是我每学期记考勤要达到的目的。从以上来看，“思政课”教师在教学中是要更加“费心思”的。学会有效掌控课堂，不知不觉中两节课已经结束，教师的授课会非常舒服，会意犹未尽，会盼望着下一次课早点到来！

【参考文献】

[1] 新华社评论员：立德树人，为民族复兴提供人才支撑——学习贯彻习近平总书记在全国高校思想政治工作会议上的讲话 [EB/OL].（2016-12-08）[2016-12-08].http：//www.xinhuanet.com/politics/2016-12/08/c_1120083340.htm

[2] 刘川生 . 切实加强和改进高校思想政治理论课 [N]. 光明日报，2015-02-14（3）.

[3] 袁志香，罗蕾，闫军秀 . 新时期高校思想政治理论课教学研究 [M]. 长春：吉林大学出版社，2012.

[4] 顾海良 . 高校思想政治理论课程建设研究 [M]. 北京：中国人民大学出版社，2016.

[5] 郑德平 . 高校思想政治理论课教学现状及改进对策分析 [J]. 理论观察，2016（9）：172-173.

论高校思想政治理论课教学的四个维度

王 莉

2016年12月8日，习近平总书记在全国高校思想政治工作会议上指出："思想政治工作从根本上说是做人的工作，必须围绕学生、关照学生、服务学生，不断提高学生思想水平、政治觉悟、道德品质、文化素养，让学生成为德才兼备、全面发展的人才。"[1]这一论断既指出了思想政治工作的本质，诠释了当代大学生的人才标准，更为高校思想政治工作教师提出了工作的根本准则。为进一步提高思政课的教学效果，高校思想政治理论课教师不断探索新的教学理念和教学方式，取得了一定的效果，这里就从四个维度论述思想政治理论课在教学实践中应注意的几个方面。

一、注重知识目标基础上强调情感目标

"高校思想政治工作关系高校培养什么样的人、如何培养人以及为谁

(1) 习近平：把思想政治工作贯穿教育教学全过程[EB/OL].（2016-12-08）[2016-12-08].http：//www.xinhuanet.com/politics/2016-12/08/c_1120082577.htm.

培养人这个根本问题。要坚持把立德树人作为中心环节，把思想政治工作贯穿教育教学全过程，实现全程育人、全方位育人，努力开创我国高等教育事业发展新局面。”[1] 从以上可知，我们在进行思想政治理论课教学时，不仅仅要重视其应该掌握的知识目标，有针对性地补充扩展性知识，更要注重培养情感目标，让学生通过思想政治理论课的学习，成为社会主义建设所需要的建设者和接班人。

（一）通过多样教学方法夯实知识目标

高校思想政治理论课作为一门具有理论体系的学科，具有其知识目标。目前，在高校的思政课教学中较为重视知识目标，或者在某种程度上更为直观地说是使学生通过本门课的期末考试。这就导致在对知识点的讲授过程中毫无新意，就书讲述的教师不乏其人，课堂上学生浑浑噩噩，完全起不到思想政治理论课应有的效果。为了完成课程教学知识目标，让思想政治理论课的知识入脑入心，授课教师就必须善于学习，不断丰富自己的知识储备水平。例如：作为毛泽东思想和中国特色社会主义理论体系概论的授课教师，《毛泽东选集》《毛泽东文集》《中国共产党的七十年》《建国以来重要文献选编》《邓小平选集》《习近平谈治国理政》等专业书籍要烂熟于心，这样在授课时才能够游刃有余，真正实现寓教于乐、师生互动、活跃课堂。

在授课过程中，要结合学生实际，多使用“穿越教学”，将学生带回到历史的长河中，将学生置身于历史的事件中，利用后来人的视角去看待、学习、理解过去的革命历史，将学生的年龄、激情、阅历，或者说青年人的不羁与当时的革命青年相联系，使学生从更深处、更广处、更新的角度和视野去了解历史。通过这些方式，使学生可以真切地感受到中国革命的发展脉络、革命的历史必然性、革命者的先进性。例如：在实际教学

（1）习近平：把思想政治工作贯穿教育教学全过程 [EB/OL].（2016-12-08）[2016-12-08].http ：//www.xinhuanet.com/politics/2016-12/08/c_1120082577.htm.

中，讲到五四运动一节时，很多革命者都是在校大学生，这一点与听课学生客观所处的环境比较一致，可从此入手，将两个时空所处的历史阶段、经济状况、世界局势、国家状况相比较，可以让学生思考为什么要进行五四运动从而理解五四运动发生的必然性，真正使学生融入到革命中去。通过引导，增强了学生的分析、辨别能力，同时也使学生真正了解了在当时背景下像邓中夏、毛泽东等青年革命者的内心独白。总之，教师要在教学中勤于思考，善于运用多种教学方式帮助学生顺利地掌握知识目标。

（二）通过知识目标的传授最终形成高尚的情感目标

作为高校思政课教师，自身首先要做到的是“修身”。这里的“修身”指的是要修炼自己的思想，就是要把自己的思想统一于伟大的改革开放事业中去，要相信党、信赖党、依靠党、维护党。从身、心两个方面真正成为党革命事业的宣传者和践行者，不能课上拥护党，课下诋毁党，更不能在课上对一些暂时出现的问题进行夸大讲述，使学生误入歧途。要始终以积极的心态看待我国发展过程中出现的问题，将这种积极的心态传递到学生中去，帮助学生摒弃不健康、不积极的思想，建立一个积极的、全面的思维方式。特别是要将我国与西方国家相比较，指出西方资本主义国家存在的无法根治的顽疾，例如：资本归个人所有造成的公共设施缺失问题、两极分化问题，两党制带来的政治倾轧问题等，这有助于破除学生对西方的不切实际的幻想，帮助学生建立正确的人生观和价值观，建立对于国家以及社会主义伟大事业的深厚感情，建立对于中国共产党的信赖感，从而为社会主义事业培养具有坚定共产主义信仰的建设者和接班人。

二、注重学科性的基础上突出整体性

在我国，高校思想政治理论课共包含五门课程，即马克思主义基本原理概论、中国近现代史纲要、思想道德修养和法律基础、毛泽东思想和中国特色社会主义理论体系概论，以及形势与政策。这五门课程每一门都是独立的，有独立的学科体系、学科特点和教学目的，但同时，它们也是一个完整的课程体系。作为这样兼具学科性与整体性的课程体系，在教学中应该注意以下两点：

（一）完成作为独立学科的教学任务

思想政治理论课包含的五门课程本身也是独立的一门学科，有自己的学科特点和特定的教学目的。如中国近现代史纲要课的教学目的旨在帮助学生学习和理解中国近代以来的历史发展；牢记近代以来两大历史任务；认识和掌握新旧民主主义的区别；了解中国共产党建立的历史必然性和建党后中国革命出现的新变化。教师要从历史的角度为学生讲解历史选择中国共产党的必然性。在授课中要积极带领学生穿过历史的迷雾，一窥历史的真相，真正让学生了解建党前后的不同。

毛泽东思想和中国特色社会主义理论体系概论课程的教学目的是帮助大学生系统掌握马克思主义中国化的两大理论成果，了解两大理论成果的形成、发展及其主要内容，了解在不断实践过程中马克思主义中国化的理论创新，了解中国共产党的伟大，不断增强中国特色社会主义道路自信、理论自信、制度自信和文化自信，坚定中国特色社会主义理想信念。这门课程中凝结着一个理论与实践相互作用的过程。理论的形成是在实践中摸索出来并不断进行修正的。因此，这门课程一定要结合中国近现代的历史来讲述，结合实践来讲述。

（二）在课程设置和教学过程中注意学科的整体性和内在联系

思想政治理论课作为一个系统的课程体系，学科之间亦存在着由易到难的学习过程。一般在大学第一、二学期开设中国近现代史纲要、马克思主义基本原理概论，随后的三、四学期开设毛泽东思想和中国特色社会主义理论体系概论、思想道德修养和法律基础。这是因为要掌握毛泽东思想和中国特色社会主义理论体系概论的相关知识，必须要有中国近现代史纲要及马克思主义基本原理概论的基础知识作为铺垫。形势与政策不仅在第一学年开授，而且贯穿了每个学期，贯穿于整个大学课程。通过这样的课程设计，让学生一步步地了解自1840年鸦片战争到改革开放后的一百多年中国的变化，从政治、经济、文化、军事、外交等各个角度全面阐述了一个观点：只有中国共产党才能救中国，只有中国共产党才可以发展中国。要想使学生真正将这一观点接受并成为其一生的思想指南，就需要将以上五门课的知识融会贯通，使学生的思想认识逐步提高，逐步认可我们的党。

为了达到合力完成思想政治理论课的教学目的，就要求高校不同思政课课程的教师要相互交流、取长补短。各课程老师不应各自为战，要形成一个整体。在学院的层面，应根据中央的统一要求，确定自己的综合教学方案，要结合五门课的教学实践有针对性地将课程系统化、集成化、关联化。例如：教授中国近现代史纲要课时，要对其中涉及毛泽东思想和中国特色社会主义理论体系概论课的内容进行提示和粗讲，有利于学生对于后面的课程有一个了解，也有助于后面的教师巩固前面所讲授的内容。针对一个事件或史实作两次讲解，学生会了解得更为透彻，也有助于教学的开展和学生思想认识的提高。当然这样做，首先要提高教师的政治理论素质。作为高校思想政治理论课教师，要响应习总书记的号召，首先自己要敏而好学，不能故步自封，要学习党的历史，详细了解党的产生、发展、壮大的历史过程，了解新中国建立以来我们的党在建设国家中取得的伟大成就。可以利用网络资源观看相关的纪录片，提高自己的知识水平，为更好地讲授课程打下良好的基础。

三、课堂教学中立破结合共同服务于教学目的

思想政治理论课具有特殊的课程属性，其最终目的是立德树人，培养具有共产主义信念的大学生，培养社会主义伟大事业的建设者和接班人。换句话说，就是要在思想上为大学生树立社会主义价值观，树立符合社会主义建设的思想信念，这是一个“立”的过程。然而，正如一位国家教育部思想政治理论课教育指导委员会成员所说，这样一门具有鲜明政治色彩的课程未开课就已经是负数。或许是多年思想政治理论课对于学生形成的固化模式，或者是传统教学方式的危害，在实践教学中，有相当数量的学生对于这门课程是有负面认知的。这就给高校的思想政治理论课教师的授课带来了相当的难度。要破解这一难题，就需要教师不单要注意“立”，即正面教育，更要在教学中注意“破”。

（一）以多种形式服务同一教学目的提高“立”的成效

“立”是证明自己的观点、主张正确。在高校思想政治理论课教学中，要充分发挥教师的主导作用与学生的主体作用。高校的思想政治理论课堂应成为推动大学生形成正确人生观、价值观的重要场所，但是教师由于自身素质或教学方式等问题，使得教学效果并不令人满意。有的教师授课方式单一，搞一言堂，课堂吸引力不足；有的教师在教学内容上喜欢唱高调，讲大道理，对学生进行空洞的理论说教；有的教师不注意观察和了解当时的社会情况，不关注热点，也无法解释当前我国经济和政治体制改革中出现的社会问题。这样的课堂教学很难吸引学生，更无法对学生进行有效的情感教育。

高校大学生是一个善于思考、敢于创新的群体，又是一个渴望参与的群体。这样的一个群体在课堂上是不满足于仅仅做一个观看者的，而是更希望成为一个参与者。因此，作为高校教师，要精心设计每一个教学内

容，每一个教学环节，要给予学生能够参与课堂教学的机会。要实现这一点，教师首先要端正自己的思想，所制订的教学目标不仅要完成课程大纲的教学任务，而且要保证学生能够学懂。换句话说教师教学的关注点应该是学生对于课程的吸收度。只有形成这样的思想意识，才能够在备课环节就将学生的参与过程融入整个教学中，才能够真正在课堂中实施以学生为主体的教学。如在《毛泽东思想和中国特色社会主义理论体系概论》中讲述第七章“改革开放”时，为了让同学们对于改革开放的历史功绩形成一个感性的认识，可以采用访谈的形式，让年代的亲历者或德高望重的学者进行讲述，使同学们能够直观地、感性地了解改革开放前后发生了哪些变化。同样是思想政治理论课，如果可以看到新鲜的面孔、听到新鲜的声音，对于大学生来说，其吸引力将远远超过一名教师站在讲台上空洞地讲解。形式永远是服务于内容的，只有内容是一致的，最终才能够达到教学目的，采用不同寻常的教学方式又有何不可呢？

（二）善于剖析以“破”带“立”形成正确的价值观

“破”是对错误的、反动的、片面的观点进行批驳。思想政治理论课的最终目的是培养具有社会主义核心价值观和共产主义信仰的大学生。在这一教学目的的实现过程中会受到来自各方面的干扰。当前，正如习近平总书记所说的，我们前所未有地接近实现中华民族伟大复兴的目标、前所未有地具有实现中华民族伟大复兴的能力和信心、前所未有地靠近世界舞台中心。这是一个巨大的机遇，但是与此同时，我们的党也面临着四大考验，即执政考验、改革开放考验、市场经济考验、外部环境考验。西方国家不仅不断地在经济上、政治上、军事上对我国进行干扰，而且在意识形态领域也展开了疯狂的进攻，意图使我国如苏联般在和平演变状态下瓦解。历史虚无主义、后现代主义、普世价值、宪政思想等西方思潮，利用种种渠道加大对我国高校的渗透，利用人为制造出的所谓鲜活的、生动的、形象的生活现状和历史事件对我国高校学生施加影响。

“破”是手段，“破”的最终目的是“立”。以“破”带“立”，是指在教学过程中不仅仅要注重“立”，更要注重“破”，要通过批判错误的思想从而形成正确的价值观。作为思想政治理论课教师，要善于运用对比法。我们的国家在中国共产党的领导下，经过三十多年的改革开放，发生了日新月异的变化，可以用“一日千里”来形容我国的发展。在教学中可以从经济、政治、军事等多方面进行讲授，无论是“一带一路”还是亚投行，都彰显着中国风范和中国实力。与此同时，要注意对西方资本主义国家的困境进行刻画，特别是在全球性经济危机后，实事求是地指出大批资本主义国家经济陷入停滞、内乱不断、政治党派斗争不休的现状，揭露西方资本主义国家所谓平等、自由的本质。还可以将中国在叙利亚、也门等国发生战乱时的迅速撤侨行动，与其他国家在撤侨中的缓慢拖沓作对比，从直观上使学生为自己出生在这样一个由中国共产党领导下的伟大的国家而感到自豪。

四、注重现实课堂基础上发挥网络课堂的优势

伴随着科技进步，互联网已经不再是新鲜事物，而是如空气与水一般在人们的生活中成为不可替代的角色。根据中国互联网络信息中心最新发布的第 39 次《中国互联网络发展状况统计报告》，“截至 2016 年 12 月，我国网民规模达 7.31 亿，互联网普及率达到 53.2%，网民以 10 ～ 39 岁群体为主”[(1)]。这从一定程度上反映了大学生正在日益成为网络的使用者。

（1）方增泉，祁雪晶，杨可，等 .《2017 青少年网络素养调查报告》显示：中国青少年网络素养有待提升 [EB/OL].（2017-07-06）[2017-07-06]. http ：//www.gmw.cn/2017-07/06/content_24989930.htm.

（一）善用从众心理发挥课堂教学的优势

课堂教学是在现代教育教学中普遍使用的一种手段，也称“班级上课制”，指的是将年龄、知识程度相近的学生固定在一定的场所，进行统一教学。这样的课堂教学有统一的授课大纲、统一的教学目的，全体同学在同一个教学环境中接受同样的知识教授。在这样的环境中，很容易出现从众心理。“从众心理（Herd mentality）是指个人受到外界人群行为的影响，而在自己的知觉、判断、认识上表现出符合于公众舆论或多数人的行为方式，而实验表明只有很少的人保持了独立性，没有被从众，所以从众心理是部分个体普遍所有的心理现象。”(1)作为高校教师要充分理解运用这一心理学理论，在课堂上实施有效教学，要善于运用多种教学方式，吸引同学们的兴趣，形成良好的学习氛围，再用这种氛围去影响更大的群体。目前在校的大学生多是“00后”或是“10后”，他们成长在祖国不断强盛的时代，他们对于祖国的发展也有着自己的想法，这就需要我们思想政治理论课教师对他们的想法进行正确地引导和指导。不能不重视年轻人的想法，如果我们不能及时有效地引导他们，西方思潮就会乘虚而入。所以在课上，教师可以利用学习讨论的时机，让学生对如何能够更好地建设党、发展党，如何让中国更为强大提出自己的建议，让学生自觉投身于党和国家的建设中去。思政课教师的职责就是将学生的思想引导向正确的方向，要分门别类地指导学生如何通过自己的努力来提升党的执政能力和综合国力，要让学生认识到自己的价值。应在大学阶段为学生树立“为我们党健康发展、为祖国繁荣富强”而读书、奉献的意识，从根本上强化学生的思想，净化学生的心灵，为改革开放事业输送合格的人才。

（1）从众心理 [EB/OL].https：//baike.baidu.com/item/%E4%BB%8E%E4%BC%97%E5%BF%83%E7%90%86/7150206?fr=Aladdin.

（二）充分利用网络丰富教学资源

在互联网广泛应用的今天，人们获取信息的方式发生了变化，人们从海量的信息中能够快速及时地找到自己需要的信息。网络为大学生们进行信息检索、获取知识提供了便利。但是这种快捷也使得人们放弃了深度的阅读，使得所获取的知识呈现碎片化特征，即知识不完整，片段之间孤立存在，没有前提条件也没有后续结果。这就为西方国家或一些居心叵测的人提供了可乘之机。西方敌对势力对于我国的渗透和颠覆活动从未停止，他们利用这一新兴领域，向中国大学生大力宣扬西方的主流思想，意图侵蚀大学生的思想，使他们否定国家的政治制度和政治体制。习近平总书记在8•19讲话中指出“根据形势发展需要，我看要把网上舆论工作作为宣传思想工作的重中之重来抓”[(1)]。

这就要求我们高校思想政治理论课教师在授课的同时积极破除西方思想在网络等媒介所宣传的错误思想，要及时关注西方思潮对大学生的侵袭，也要积极学习新华网等权威网站对于这些西方思潮的批驳。要充分利用课上时间，结合课本的相关内容，从各个角度讲解西方思潮对我国的危害，帮助学生树立正确的意识形态。目前，在我国出现了一批宣传我国伟大成就的自媒体，如“Great 我的国”“点兵”等。这些自媒体制作的短视频用词普遍口语化和青年化，比较贴近学生，内容相对简单易懂，从不同角度阐述了中国强大的现状，对于青年人有很大的影响。还有一些知名高校的学者，也利用网络这一平台，积极将马克思主义中国化的精髓知识制作成视频短片以供观看。我们思政课教师可以在精心筛选这些视频资源后，在课堂上播放给学生看，再将视频与书中的知识相结合，必将起到事半功倍的成效。

（1）把网上舆论工作作为宣传思想工作的重中之重 [EB/OL].（2013-10-31）[2013-10-31].http：//theory.people.com.cn/n/2013/1031/c40537-23387807.html.

总之，高校思想政治理论课自身承载着对学生进行社会主义核心价值观体系建设的任务。作为高校思想政治教育工作者，在肩负传道、授业、解惑责任的同时，要牢记党中央的指示精神，清楚地认识自己在高校思想政治建设工作中的重要作用，坚决抵制不良思潮的侵袭。在教学实践中，不断总结新的教育教学理念、不断提高自身的执教水平，弘扬社会主义正能量，激发大学生对于中国共产党及社会主义伟大事业的深厚感情，从而为中华民族的伟大复兴贡献自己的力量。

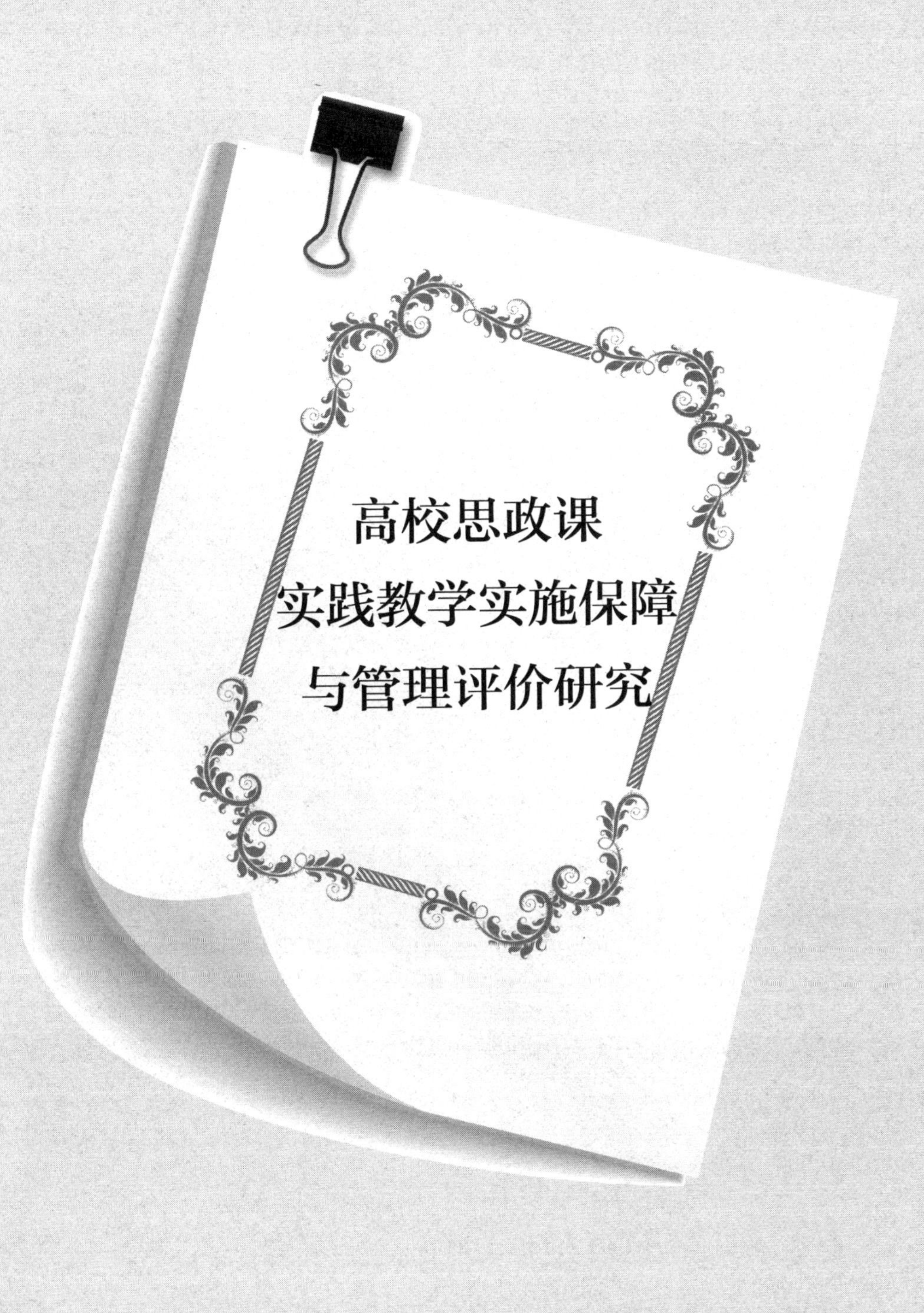
高校思政课
实践教学实施保障
与管理评价研究

高校思想政治理论课社会实践的实施要点探析

李东雷

多年来，思想政治理论课是我国高等教育教学体系中的重要组成部分，也是高校教学改革和教材内容调整的“排头兵”。中共中央宣传部、国家教育部专门成立相关领导机构，并多次下发有关文件，以更好地指导思想政治理论课发挥“主渠道”的作用，从而实现保持一致、与时俱进、立德树人的目标。

根据《中共中央宣传部、教育部关于进一步加强和改进高等学校思想政治理论课的意见》（教社政〔2005〕5号），思想政治理论课课程设置包括4门本科必修课：马克思主义基本原理（后改为：马克思主义基本原理概论，以下简称“原理”），思想道德修养与法律基础（以下简称“基础”），中国近现代史纲要（以下简称“纲要”），毛泽东思想、邓小平理论和“三个代表”重要思想概论（后改为：毛泽东思想和中国特色社会主义理论体系概论，以下简称“概论”），其中“概论”课为6学分。按照《意见》（一般被称为“05方案”）的要求，为了更有利于教学，我校决定从

“概论”课中拿出2个学分给“思想政治理论课实践教学”环节。这体现了思想政治理论课教学的灵活性，符合我校实际情况。

“思想政治理论课实践教学”自2005级学生（2007年暑假）开始实施，至今已经10年。在实施过程中，我们逐步引导学生明白实践教学的重要性，通过评选优秀调研报告和先进个人来鼓励学生接触社会、适应社会、服务社会，取得了一定的成绩，得到了学校领导、有关部门和历届学生的认可。但是，我们仍需梳理思路、厘清问题、建章立制，对实施重点进行明确说明，从而不断深化教学改革，使“思想政治理论课实践教学”更具生命力。

一、实践定位要突出“到群众中去，接受再教育”

思想政治理论课的课堂教学是宣传党的路线、方针、政策的重要途径，是对大学生进行思想政治教育的主阵地，必须牢牢掌控而不能有丝毫懈怠。课堂教学内容主要是由“学科脉络、知识体系、观念框架、主要概念、基本原理、问题意识、思维方式、思想主题、逻辑结构及话语系统等构成。由于理论高于实践、高于生活，理论本身固有的逻辑性、抽象性、思想性、知识性往往会成为部分学生理解理论蕴含、把握思想精髓的‘阻碍’。如果就理论讲理论，不把马克思主义基本理论与中国革命、建设和改革的鲜活实例特别是学生的思想和生活实际相联系，就会造成理论语言与生活话语的隔阂，也会使学生对于理论课望而生畏，甚至感到厌烦，抱怨理论课内容没意思”。因此，我们要本着“以学生为本”的原则，不断深化课堂教学改革，增强思想政治教育的亲和力和针对性、时代感和吸引力，从而春风化雨、入脑入心。

思想政治理论课的实践教学是课堂教学的延展，是理论与实际相结合的关键一步，不可或缺。加强和深化思想政治理论课的实践教学，首先要解决的问题是“定位要准确”。“一切为了群众，一切依靠群众，从群众中来，到群众中去”是我党始终坚持的、保持同人民群众血肉联系的基本路线，是思想政治理论课课堂教学中的重要内容，也是实践教学的根本方针。大学生中大部分并不了解基层实际，更谈不上“低头”同人民群众贴心、交心、换心。思想政治理论课的实践教学定位，就是要弥补这一缺憾，鼓励、督促大学生走出校门，“到群众中去”，了解国情，在社会的大课堂中受教育、长才干，运用自己所学服务于广大人民群众。

课堂教学和实践教学是思想政治理论课的“两翼”。课堂教学是读有字之书，实践教学是阅“无字之书”，阅“无字之书”与读有字之书相互补充、相得益彰。它们的关系不是互相替代，更不是互相否定，非此即彼。作为大学生，同时读好这“两本书”，有利于促进自己间接经验和直接经验的平衡，做到“知行合一”。从这一点来看，只有课堂教学和实践教学“两翼齐飞”、密切配合，思想政治理论课改革才会有更大突破。

二、实践选题要做到“两手抓、两手都要硬”

有价值、有意义的选题是搞好思想政治理论课实践教学的前提和基础，需要认真去研究、去设计。为使选题符合大学生的“口味”，让他们乐于参加实践教学，我们必须要做到“规定动作和自选动作”相结合，做到两手抓、两手都要硬。

“规定动作”指的是选题要立足于教材，充分体现教学重点和难点。通过指定这样的题目，让学生在实践过程中进一步加深对理论知识的认识和理解。具体来讲，我们就是要以思想政治理论课 4 门必修课为基础，明确各自的侧重点。“原理”课的有关选题要体现马克思主义基本立场、观点、方法的运用，突出强调唯物论、辩证法、认识论和唯物史观等理论知识。这类选题不太好设计，建议不妨从引导学生读马列原著、调查群众对马列原著的认知下手，也可以另辟蹊径。“基础”课的有关选题要体现道德观、价值观、基本法律法规等教材内容，要围绕典型事件、人物、案例来设计，起到弘扬社会主义核心价值观、倡导社会发展“正能量”的作用，从而提升学生思想道德境界和知法、懂法、守法意识。“纲要”课选题的侧重点是旧民主主义革命和新民主主义革命，突出波澜壮阔的中国革命历史，突出中国共产党诞生、成长、发展和壮大的历程，突出中国逐步走向社会主义的合理性和必要性。由于革命老区星罗棋布、革命故事丰富多彩，所以“纲要”课实践选题的设计相对容易。“概论”课的选题要立足我国改革开放和现代化建设的伟大征程，重点围绕中国特色社会主义建设的重大理论和实践问题，突出强调经济、政治、文化、社会、生态文明和党的建设，不断增强大学生认识和解决现实问题的能力，坚定中国特色社会主义理想信念，引导学生做到“道路自信、理论自信、制度自信、文化自信”。

“自选动作”指的是选题要创新，超越教学内容，紧扣时代发展脉搏，广泛征集选题。具体来说，体现在两个方面：一方面，实践选题要面向社会，紧扣时代发展脉搏，体现时代最强音。思想政治理论课教师在拟定实践选题时，要善于把握党和国家推出的重要政策和国内外发生的重大事件，并巧妙地与教学内容建立联系。国家与社会发展的鲜活事例，为我们设计这类选题提供了不竭源泉。近年来，“抗日战争胜利70周年”“精准扶贫”“工匠精神”“供给侧改革”“新型城镇化”“环保督察”“社区文化”“京津冀协同发展”等，都是社会关注的焦点，也及时地体现在我们的实践教学中。这类热点选题是每年20～30个实践教学选题中的亮点，起到了“引领式”的作用。另一方面，可以让学生根据自身实际情况，从若干实践选题中自由选择，或是面向学生征集有价值的实践选题，重要的是，思想政治理论课的实践教学要让学生有参与感，发挥他们的主观能动性，发掘他们的聪明才智，才能较好地提升实践教学效果。同课堂教学一样，学生也是实践教学的主体之一，当他们看到自己设计的题目被选中时，喜悦感、满足感会油然而生。课堂教学不能用“填鸭”式，实践教学也不能“强拉硬拽”。信任学生的最高境界就是“我的实践，我做主”，当然，这与教师及时、到位的指导不矛盾。

需要注意的是，无论是“规定动作”，还是“自选动作”，都有一个酝酿、修正、确定的周期。为了避免仓促应付，每年的春季学期开学就要着手布置。“规定动作”的落实要求各教研室明确一个“主题”，然后面向教师征集选题，2 周左右完成。然后，学院汇总各教研室的选题并进一步优化，陈旧的剔除，同类的合并，模糊的修改，数量不足还要进行二次征集，大概需要 2 周时间。“自选动作”的落实，要同步进行。教师动员，学生拟定，师生讨论修改，也要在 4 周内完成。此后，“规定动作”和“自选动作”的选题要合二为一，经过新一轮筛选、征求学校有关部门的意见后，最终确定 20 ～ 30 个年度实践选题，形成规范的实践教学指导书。

三、实践组织与安排要坚持“三个主体、三个补充”

科学、有序的组织和安排是搞好思想政治理论课实践教学的根本保证，主要包括实践团队的组建和指导、实践地点的选择、实践时间的安排，要体现原则性和灵活性相结合，坚持做到“三个主体、三个补充”，即以学生分散实践为主体，以有指导教师带队的或学生自主组建的实践团队为补充；以实践教学基地为主体，以有特点的农村、社区、工厂企业为补充；以暑期实践教学为主体，以利用法定假日的实践教学为补充。

首先，在实践团队的组建和指导方面，要做到以学生分散实践为主体，以有指导教师带队的或学生自主组建的实践团队为补充。多数本科院校，一届学生人数为3000～5000人，分布在几十个不同的专业或方向。面对这么庞大的、复杂的学生群体，从现实条件出发，实现全员、集中参加思想政治理论课实践教学是“不可能完成的任务”。当然，如果有足够的教师带队和经费保障也是可以实现的。基于此，多数院校坚持以学生分散实践为主体，同时需要教师通过各种沟通形式，如电话、短信、微信、微博、QQ等进行“远程遥控”指导。如果督导及时、到位，那么实践教学会顺利推进，达到“遍地开花”的效果。

学生分散参加思想政治理论课实践教学是主要形式，但不能取代组建人数合理、数量适当的实践团队。一方面，马克思主义学院或思想政治理论课教学部要选派优秀教师，带队参加实践教学。每年要组织5～10个集中实践团队，每个团队的学生数量以5～7人为宜。参加集中实践团队的学生要男、女比例适当，考虑到会深入基层农村、厂矿，男生要适当多些；要各专业结合，本科生、研究生结合，突出学生的专业特长；要优先选择来自实践地的学生，便于尽快熟悉周围人文、自然环境，迅速展开实践工作。当然，考虑到思想政治理论课专业教师人数有限，也可以从其他兄弟学院、有关职能处室从事思政工作的人员中选择实践团队指导教师。另一方面，要充分信任学生，相信他们具有自我管理的能力，组织由优秀学生带队的实践团队。组建这样的实践团队，要优先考虑同一市、县的学生，要以完善的制度、措施为保障，要填写规范的《实践团队或项目审批表》，登记成员的基本信息，全面分析每个实践环节可能遇到的问题和障碍，提出完成实践任务的软、硬条件，将实践中各种发生意外状况的可能性降到最低。

其次，在实践地点的选择方面，要做到以实践教学基地为主体，以有特点的农村、社区、工厂企业为补充。思想政治理论课实践教学不是临时性的工作，要立足于固定的教学基地，充分发挥它们的独特作用。这样做，不仅可以保证一些长期性实践选题的稳步推进，还可以实现学校与地方建设、发展的良性互动。建设实践教学基地，要坚持“够用”的原则，不是多多益善，要立足长远，坚持综合性实践基地和特色实践基地相结合。为了应对相关的评估、考核，很多学校建立了思想政治理论课实践教学基地。但是，基地流于形式，双方没有进一步地深度合作，只签订合作协议而不能共谋发展，甚至签订合作协议就“老死不相往来”的情况也不少见。既然思想政治理论课实践教学必须要坚持推进，那么我们就应该把基地用好、用活，把基地建设作为年度重要工作去对待。马克思主义学院（思想政治理论课教学部）和实践教学基地要经常“走亲戚”，争取每年定期召开合作论坛，及时把基地需要学校提供智力支持的方面列入实践选题，做到“有来有往、亲上加亲、互利共赢”。

当然，实践教学不能过于刻板，有什么基地就搞什么实践，“看基地下菜碟”。时代在发展，社会在进步，思想政治理论课也在改革，基地再多也跟不上形势的变化。因此，我们每年安排实践教学，要善于根据选题开辟新的、临时性的实践基地。它们可以是“脱贫致富”的新农村，可以是“和谐发展”的城市社区，也可以是“活力四射”的中小型工厂企业。我们要树立一种观念，只要是有特色的地方就是教师和学生应该去的地方，他们的足迹应该遍布祖国的大江南北、山山水水。

最后，在实践时间的安排方面，要做到以暑期实践教学为主体，以利用法定节假日的实践教学为补充。一般来说，思想政治理论课实践教学安排在暑假进行为好，以 1 ～ 2 周时间为宜。这样安排是因为：第一，实践的时间宽裕，教师和学生没有课业负担，可以充分进行调查研究，并提供力所能及的服务。第二，暑期气温较高，师生可以轻装前行，不需要带很多行李，衣服好打理。第三，可以减轻实践接待的负担，住宿能防蚊虫、饭菜干净卫生即可。当然，暑期进行实践教学也会遇到麻烦，但师生应该认准：艰辛出真知，实践长才干。我们参加实践教学的本意就不是贪图安逸，而是要接受考验，在社会的大熔炉中“锻造”自己。

暑期进行实践教学符合学校的教学安排和要求，大多数教师和学生乐于选择。在法定的节假日组织实践教学，尤其是分散形式的实践教学也是可行的。比如，“国庆节”一般会有一周的小长假，暑期没有完成实践教学任务的学生完全可以利用这个时间段进行改革开放成就、农业生产、文化（红色）旅游、休闲农业等方面的调查，拍摄有价值的视频资料，撰写符合要求的实践报告。另外，就我校来讲，思想政治理论课实践教学的成绩评定和登录都是在 11 月初完成，国庆节之后完成实践教学任务在时间上也不会耽误整体工作的推进。因此，我们应该在实践时间上放得更宽一些，允许学生有多种选择，这也体现了实践教学中原则性和灵活性的结合。

【参考文献】

[1] 新华社评论员：立德树人，为民族复兴提供人才支撑——学习贯彻习近平总书记在全国高校思想政治工作会议上的讲话 [EB/OL].（2016-12-08）[2016-12-08].http：//www.xinhuanet.com/politics/2016-12/08/c_1120083340.htm.

[2] 中共中央宣传部，教育部关于进一步加强和改进高等学校思想政治理论课的意见（教社政〔2005〕5 号）[EB/OL].（2005-02-07）[2005-02-07].http：//www.moe.gov.cn/s78/A13/sks_left/sb387/more_772/tnuu_9310.html.

[3] 张云阁，贺尧夫. 高校思想政治理论课实践教学创新研究 [M]. 杭州：浙江大学出版社，2015.

[4] 朱平，戴家芳．高校思想政治理论课教学要引导学生读“无字之书”——兼论思想政治理论课实践教学[J].思想理论教育导刊,2016(2):150-108.

[5] 宋媛．新形势下高校思想政治理论课实践教学创新研究[J].思想理论教育导刊，2016（9）：125-128.

思想政治理论课实践教学实施过程研究

马进军

实践是辩证唯物主义认识论的首要的和基本的观点，实践是理论的来源，是检验真理的唯一标准。理论来源于实践，又在实践中继续发展。思想政治理论课实践教学是思想政治理论课的重要一环，实践教学是对思想政治理论的渗透与充实，是对学习效果的检验与巩固。通过实践教学，可以加深学生对思想政治理论的理解，帮助学生认识国情、认识社会，为融入社会主义大家庭创造条件。而目前，实践教学还没有得到足够的重视，大多数高校还没有进行课程改革，一味地停留在灌输理论上。理论固然重要，但没有实践的验证，理论只是虚设，所以这也是当前思想政治教育弱化、低效的关键所在。要想提升思想政治理论课实践教学的质量，巩固实践教学的实际效果，就应加强对实践教学的重视，严格把控实践教学过程，确保实践教学落实到位，使实践教学卓有成效。行为过程的完善程度决定着行为结果的质量。实践教学的成效如何，取决于实践教学过程是否合理，是否有利于管控。要想思想政治理论课实践教学达到应用效果，就应严格把控实践教学的每个环节。通过近几年来的实践教学，我们总结出下面一些实践教学过程的经验，来严格把控实践教学过程。

一、准备阶段

（一）制订执行计划

美国管理学家哈罗德·孔茨，曾经把计划比作到达彼岸的桥梁。“计划是决策所确定的组织在未来一定时期内的行动目标和方式在时间和空间的进一步展开，又是组织、领导、控制和创新等管理活动的基础。”计划是管理活动的基础，是人们工作前预测工作效率的必要步骤，制订计划可以合理利用各种资源提高工作效率。《孙子兵法》中的“谋定而后动，知止而有得”，就是告诉我们行动前要先谋划，考虑周到再行动，还要知道在合适的时候停止。对现在来讲就是做事要有计划，计划是成功的基础，计划到位，成功就有希望。一个好的计划可以达到事半功倍的效果。

计划的第一项也是最重要的内容就是强调实践教学的重要性。建议第一次课就向学生说明实践教学的重要性，引起学生足够重视。统计数据显示，在大学课程教学中，第一次课的教学效果在整个教学过程中最好，学生的窥探心理成就了对第一次课的深刻印象；其次是最后一次课，因为大多数教师都是在最后一次课划定考试范围和重点，这两次课的到课率也是明显高于其他课次。所以第一次课就强调实践教学的重要性会起到至关重要的作用。

计划还要设有一定的时间范围，给学生留出深入研究和相互探讨的时间。时间范围不宜过短，以免学生为应付作业胡乱拼凑。制订计划时要注意每一个环节的制约因素、隐患和可行性，每一项任务必须在规定时间段内完成。为方便在实践中指导教师与学生相互沟通，实践教学的学时计划应均匀分布在指导教师的教学周内，如教师理论教学共 12 周，那么实践教学就应在这12周内完成，这样学生遇到问题可随时询问指导教师，指导教师也可以及时掌握学生的实践过程和完成情况。

（二）引导学生分组

引导学生分组至关重要，其中的技术含量不容小觑。学生分组的原则是：事事有人做，人人有事做。尽量让每位学生都承担一项任务，负有一定责任。为保证每位学生都有事做，可以根据班级人数确定实践小组数量，小组成员应控制在10人以内，过多就可能存在浑水摸鱼现象。实践小组数量确定后，下一步就是要确定小组组长。组长是小组的领导者，小组灵魂所在。组长必须要具备组织协调能力，建议应由各班的班委来担任，因为班委成员相比其他同学有更多组织经历，在以往的班级活动中得到过锻炼，工作起来更得心应手。组长认真负责、组织得力，就能带领全组成员高效地完成实践任务。组长确定后，由组长选出三个副组长人选。这三个副组长的设立是因为实践教学中有三个重要环节，即设计调查问卷、统计调查数据、撰写调研报告，这三个环节必须要有专人负责才能为顺利完成实践教学创造条件。这里提醒指导教师，切记不要把组员分配到副组长任务下。如果把组员分配给各副组长，那么每位组员就会有具体任务，虽然会有给分依据便于给分，但学生就会淡化实践过程的其他环节，不能体验整体实践过程，也就无法达到实践教学的应有目的。只要学生分组合理，每位小组成员都能参与到实践的各个环节，实践教学就能卓有成效。

（三）确定实践题目

确定实践题目也是至关重要的一环，实践题目不仅要与课程紧密相关，还要具有排他性，也就是只适合于本课程，以防学生一劳永逸。指导教师可以结合自己的课程制定题目方向，引导学生在给定方向中设计各自小组的题目。题目应贴近课程内容，并与学生密切相关。理论性不宜过强，要尽量与学生实际生活相联系。这样学生自身就是一个研究个案，可以作为重点访谈对象详细分析自我认识和心理反应，即使是细微的心理波动变化也能被捕捉到。

考虑到学生的能力和辅助条件有限，题目不宜过大，小而精是选题的第一考量。题目过大学生就很难覆盖应有的调查范围，研究内容也很难全面到位。小题目调查范围有限，容易获得翔实数据，调查结果也更具有说服力。题目可以是对大学生理论知识掌握情况调查、对青年思想道德素质状况调查等调查研究类题目，应杜绝纯理论性题目。纯理论性题目虽然能带动学生深入研究理论，但脱离了我们实践教学的初衷，不应提倡。

需要指导教师注意的是，提醒学生题目确定后及时找指导教师备案，以免题目重复。为防止学生设定的题目相同，建议建立 QQ 群、微信群或公共邮箱等公共交流平台，学生将确定的题目及时公布在公共平台上，获得指导教师同意并备案后方可进入下一环节。

二、实施阶段

（一）编写调研方案

调研方案是学生实践的计划步骤，是实践教学的重要组成部分。学生可以通过调研方案明确自己的任务，指导教师可以从调研方案中掌握学生实践动态。进行实践教学的学生大多为新入学的大一学生，他们在中学阶段很少接触实践活动，缺少实践经验，总会有不知所措、无从下手的感觉。调研方案的编写就是一个指导的过程，可以让学生了解各个阶段所要完成的具体任务，引导学生顺利完成整个实践教学过程。

在调研方案中应具体说明小组成员应该完成的各项任务。为保证调研方案的规范，建议各课程使用统一模板，模板中应包含题目、分工、时间进度等内容。学生应在调研方案中填写经指导教师备案已确定的题目和每一环节小组成员的具体分工。时间进度应由各思想政治理论课教研组统一规定并在模板中列出，明确每一项任务的时间段。调研方案完成后，学生要将电子版在规定时间内发至指导教师邮箱，纸质版归入最后形成的实践报告内。

（二）设计调查问卷

设计调查问卷是调查研究的关键，调查问卷在一定程度上决定着调查研究的质量和调查结果的准确性。问卷设计不合理，不仅起不到应有的作用，还可能会带来错误的结果，如选项中出现相互交叉或模棱两可的选项，那统计数据自然就舛讹百出，最终导致结论错误，秕言谬说。问卷语言文字要简洁，阐述要清晰，所设选项应准确全面，避免出现提问模糊不清、不知所云，选项不全或相互交叉等问题。

调查问卷的题项尽量控制在 30 个以内，超过 30 个题如果没有调查者认真细致的引导，就会出现盲答现象，无效卷就会增加，导致资源浪费，而调查者不可能对每位被访者都进行个案访谈式调查。对于感应程度题项尽量使用李克特量表，也就是对各题项的加总得分进行统计分析，因为单个题项无法真正体现被访者对某一问题的感应。程度分层尽量控制在 5～7 个，超过 7 个将会考验被访者的感应敏感度，但只有少数人能够明确区分 7 个层级以上的感应程度；低于 5 个会因无法细分样本，致使调研报告缺少数据支撑。

（三）组织问卷调查

问卷调查是实践教学中唯一一个学生接触社会锻炼自己的机会，每个小组成员都要参加问卷调查的全过程。既然要接触社会，没有任何经验的学生在错综复杂的社会中就会存在安全隐患，所以针对问卷调查的安全教育必不可少。指导教师必须在进行问卷调查前给所有学生讲一堂安全教育课，提高学生在各方面的防范意识。

在进行问卷调查时要注意调查对象的随机性。这里的随机性并不是没有任何限制的随机性，是指研究对象范围内的随机性。这个范围是由研究内容需要设定的，并不是由调查者设定的。这里的随机性可以说是在规定范围内要保证调查样本随机性。

选择调查样本要注意横纵向交叉要求，也就是调查样本应覆盖限定范围内的不同类型样本，不同类型样本数量也要大体相当。比如：关于河北大学生的调查研究，调查范围应为河北高校，调查样本是在河北高校就读的大学生，由于条件有限不可能对所有河北高校进行调研，可以在河北省各市选择不同类型的代表性高校，调查样本也应该是这些高校不同年级、不同专业的学生，理工、文史、艺术类学生都应涵盖在内。另外，还要鼓励学生多利用网络调查方式，网络调查节省资源，调查样本覆盖面广，数据统计也便捷，是一种很好的辅助调查方式。如问卷星、问卷网、调研宝等调查网站，免费注册后就可以设计问卷进行简单调查。

（四）撰写实践报告

实践报告是评估实践教学结果的直接依据。指导教师根据实践报告的完成情况评定成绩，所以这也是学生最为关注的环节。这一环节也应制定统一模板，将实践报告所需内容详细列出，要求学生按照规范完成。实践报告中应包括选题目的、意义、背景，相关概念及理论，现状阐述，问题分析，对策建议，实践感想等内容。其中选题目的、意义及背景是让学生了解所选题目与社会的关系，也就是理论与现实社会的联系；相关概念及理论是让学生阐述在课堂内学到的理论知识，了解学生课堂学习情况；现状阐述是考查学生对实践教学的重视程度，内容阐述翔实准确说明其小组成员，能够认真对待实践教学；问题分析是考查学生是否具备深入研究能力，能否发现问题并找出其原因所在；对策建议是发掘学生的创新能力，鼓励学生针对发现的问题提出自己的对策建议；实践感想是掌握学生在实践过程中的成长，了解实践教学是否起到了应有的效果，每位学生都应写一份实践感想与大家分享实践教学的收获。

三、评估阶段

（一）评阅实践报告

评阅实践报告既要考虑学生在实践过程所形成的有形效果，还要考虑无形效果。有形效果即实践报告。学生上交实践报告后，表明其实践教学过程已经完成。指导教师可以根据实践报告的格式是否规范、调查是否翔实、分析是否准确、对策是否可行等情况评定成绩。实践报告的评阅是学生实践成绩等级划分的依据。无形效果即学生通过实践教学所获得的自身技能的提高，它存在于学生自身，无法通过考核方式进行评价，只能通过学生的实践感想来了解。

评阅实践报告要有侧重性，重点是评价实践教学给学生带来的收获。每小组上交一份实践报告，每份实践报告给一个平均成绩，再结合各个环节的完成情况与感想收获对相应小组成员适当加减分值，最终可得到每位学生实践教学成绩。只要实践报告各项内容完善，给定成绩就有依据。题目贴近课程内容、数据分析透彻、建议具有可行性的应适当加分；如果实践报告缺题少项，内容不完整，那成绩就降一档次。

（二）总结实践经验

总结经验是提高工作质量的法宝，完成一项工作后如果没有评估总结，没有从中吸取经验教训，那工作就会停滞不前，个人就会故步自封。只有不断吸取经验教训，才会推陈出新，有所进步；只有不断总结经验教训，实践教学才能不断发展完善。总结实践经验是指导教师所需完成的任务，是为了改进实践过程，提升实践教学效果。指导教师可以根据今年实践教学执行情况，调整和修订实践计划的各个环节，逐步完善实践教学过程，提升实践教学质量。总结实践经验不仅仅存在于实践结束后，在整个实践教学过程中都应根据事先制订的实践计划对比学生实际执行情况，发现问题及时解决。问题如果出自学生执行不到位，就及时监督改正；如果出自计划制订缺陷，就及时修改实践计划。

【参考文献】

[1] 周三多，陈传明 . 管理学 [M]. 3 版 . 北京：高等教育出版社，2014.

[2] 刘志丹 . 高校思政课实践教学实效性：问题与策略 [J]. 大学教育，2016（1）: 64-65.

[3] 许宁 . 基于第二课堂的高校思政课实践教学研究 [J]. 人才资源开发，2016（4）: 208-209.

[4] 胡忠英 . 融合校园文化提升思政课实践教学的对策 [J]. 包头职业技术学院学报，2016，17（1）: 11-13.

[5] 王培文 . 高校思政课实践教学评价体系研究综述 [J]. 高教学刊，2016（7）: 145-147.

[6] 罗荣富 . 探究高校思政课“四位一体”立体实践教学模式 [J]. 湖北经济学院学报（人文社会科学版），2016，13（4）: 189-190.

[7] 范方红 . 高校思政课教师实践教学能力提升新探 [J]. 学校党建与思想教育，2016（10）: 37-39.

[8] 曾德华，孙晓艳 . 提升高校思政课实践教学效果的几点思考 [J]. 新疆社科论坛，2016（3）: 101-104.

[9] 韩淑芹，张德学 . 基于应用型人才培养的思政课实践教学改革探讨 [J]. 黄山学院学报，2016（5）: 133-135.

[10] 薛伟芳 . 高校思想政治理论课分层实践教学模式探究 [J]. 当代教育理

论与实践，2016，8（12）：87-89.

[11] 柏欣 . 思想政治理论课实践教学体系创新的思路与实践——以广东工程职业技术学院实践教学为例 [J]. 高教学刊，2017（2）：144-145.

[12] 艾红玲 . 基于学生社团平台的高校思想政治理论课实践教学探索 [J]. 高教学刊，2017（4）：66-67.

优化高校思想政治理论课实践教学保障机制探析

黄彩英

良莠不齐的网络"海量"信息，错综复杂的社会矛盾，造成当代大学生政治意识形态的模糊，系统的思想政治教育，对端正大学生政治意识、培养综合素质人才具有重要作用。思政课实践教学使学生在体验参与中达到润物细无声的教育效果，成为提升思想政治教育功能、培养大学生全面发展的重要载体。如何更好地发挥思政课实践教学的功能，越来越引起各高校的高度重视。

一、问题的提出

当前我国社会矛盾错综复杂，从国内看，我国正处于经济、社会改革转型的关键期，各种社会问题和矛盾凸显；从国际看，随着我国国际影响力的显著提升，引发了发达国家更加激烈的遏制、渗透。如今互联网技术的井喷式发展和国际关系的深度融合，使各种思想文化相互激荡。一方面为伴随着全球化和网络化成长起来的当代大学生视野的开阔、多元化价值观的形成提供便利，培养他们独立思考，自主、自由探索客观世界的思维习惯和思维方式；另一方面，特殊的社会环境、海量的信息轰炸，给当代大学生的成长带来不可小觑的负面影响，致使他们社会主义价值观念动摇、理想信念迷失、社会责任感欠缺。思想政治教育是国家出现后居于统治地位的阶级用具体的思想、德行品质和政治立场对其社会成员施以具有规划性、目的性的教育活动。系统的思想政治教育是我国高校教育内容中不可或缺的部分，更是我国培养高素质人才的重要组成部分。社会对人才的需求不仅仅停留在学历的高低和理论的知识层面，更重要的是适应、服务社会，具有创新能力及发展潜力的实践型人才和具有团结合作、敢于担当、乐于奉献、社会责任感强等综合素质高的人才。当下，喧嚣的社会环境，功利的教育内容和教育方式使高校培养出的人才鱼龙混杂，综合素质更是和社会的需求相差甚远。加强大学生思想政治教育是全面落实我党的教育方针，实现创新驱动发展战略，培养适合经济发展新常态，中西文化相互激荡融合的现代社会人才的必不可缺的教育方式。同时，时代对人才的需求与人才培养现状之间的矛盾也更要求高校要与时俱进，革新陈旧的教育内容和教育模式，增强思想政治教育功能的实效性。单纯的课堂灌输式的教学模式，使学生难以从内心达到对思想政治理论的真正认同。而实践教学在学生体验、参与中达到了润物细无声的教育效果，培养并提升了他们的综合素养，越来越成为提升思想政治教育功能、培养大学生全面发展的重要载体。近几年，高校思政课的实践教学像雨后春笋般发展起来，实践形式也多种多样。在提高对思政课的实践教学重视度的同时，也应理性看待在实践过程中存在的各种问题。其中，保障机制的不健全甚至部分缺失，是影响高校思政课实践教学有效实施的重要因素。

二、概念界定

保障机制，是为高校实践教学活动的顺利开展而建立的一系列体制和制度。思政课实践教学是一项包括课内、校内、社会和网络的复杂的教学活动过程，包括完善的制度，明确的组织，优良的师资，充足的课时和经费，规范、稳定的实践基地六个方面。其中，制度是首要条件，是高校所制定的涉及思政课实践教学所需经费、学分、学时等内容的规范性文件；而组织是关键条件，它负责统筹、领导和协调、保障实践教学正常有序开展所涉及的各部门之间的工作；师资是基本条件，它是实施实践教学的专职、兼职教师队伍；课时是必要条件，是学校明确划拨的保障实践教学真正落实所需的时间规定；经费是基础条件，是高校为了保障实践教学顺利进行所提供的资金支持；基地是载体，是学校有计划、有系统地安排教师带领学生开展课外实践教学的有效载体，如文化、历史、改革典型、革命传统基地等。

三、存在的问题

（一）制度建设严重滞后

要保障思政课实践教学有序进行，必须配备一套完善可行的教学制度。各个高校目前都具有纷繁复杂的教学管理方面的规章制度，但大部分高校空缺针对思政课实践教学的实施细则和教学大纲等方面的制度文件。制度建设的滞后或缺失，导致思政课实践教学执行的无力、随意和无序。

（二）组织规范性缺失

要想使涉及面极广的思政课实践教学有序开展，首先需要各教研室之间教学活动的彼此协调，规范管理。很多学校实践教学组织存在很大的随意性，各教研室各自为政，在影像资料、案例讨论、课内实践主体选择上缺少四门课之间的交流和协调，还有一些任课教师根据自己的课题需要组织实践教学活动，选择实践教学形式，与所任课程实践目的不一致；其次，需要高校党委、团委、教务处、财务处、学生处、宣传处等部门通力合作和大力支持，建立专门的机构势在必行，其主要职能是负责思政课实践教学的宏观指导、长远规划以及实践教学相关问题的研究和部门之间的沟通协调。

（三）足够数量优质思政课教师的缺失

高校思政课教师在实践教学中不仅起主导作用而且直接影响实践教学的效果。实践教学面临的情形复杂，并且有许多情况不可预见，不仅对教师理论功底和实践经验提出高要求，更是对教师现实生活敏锐的感悟力、洞察力以及人际交往能力、危机处置能力等综合能力的考验。由于种种原因，高校思政课教师驾驭实践教学的能力有待进一步提高。

（四）实践教学课时的压缩或有名无实

充足的实践教学课时，是保障思政课实践教学得以不折不扣进行的基础，也是保障实践教学不形同虚设或流于形式的基本措施。一些高校对思政课的课时进行不断压缩，有限的课时都被理论教学所挤占，学校系统组织学生集中社会实践的时间所剩无几，造成实践教学的课时被随意压缩、有名无实。

（五）实践教学经费缺乏

经费投入不足一直是导致许多高校实践教学难以保质保量实施的关键因素。实践基地建设需要大量资金投入，师生校外实践教学过程中差旅费、食宿费、宣传费、资料费、门票费、会议费，以及聘请人员的讲课费等也是一项不小的开支。另外，为了提高师生实践教学活动的积极参与，也需要相应的激励机制做保障。资金的严重不足不仅制约了思政课实践教学活动的顺利开展，而且影响了思政课实践教学的质量和实效。

（六）实践教学基地数量有限或空缺

多数高校没有专属的思政课教学实践基地，部分高校即使划拨专项资金建设实践教学基地，成效也甚微。这在很大程度上阻碍了学校集中组织学生校外社会实践活动的顺利开展。

四、对策探讨

高校思政课实践教学要想真正落实并达到预期效果，就必须健全、优化实践教学的各项保障机制，促进思政课实践教学的可持续发展。

（一）完善针对思政课实践教学的制度建设

要想使思政课实践教学规范、可持续发展，必须建立起完善的、有针对性的、切实可行的规章制度，在宏观层面上包括思政课实践教学的实施意见、经费投入、组织机构等方面的制度内容，在微观层面上要明确规定其教学大纲和具体的实施程序、实施细则、管理办法、学生社会实践成绩评价、奖励机制、教师社会实践绩效考核、奖励机制等方面的制度内容。同时要避免使各种规章制度形同虚设，要建立相应的监督制约机制，使各个参与主体积极地、不折不扣地贯彻落实，只有从制度建设和具体实施两个层面双管齐下，才能保障思政课实践教学长效化、正规化发展。

（二）优化针对思政课实践教学的组织管理

高校思政课实践教学是需要许多部门相互配合的一项教学活动，思政课各教研室之间以及学校相关部门之间协调配合，实践教学才能得以有序开展。

1.宏观层面上，建立校级实践教学组织机构并不断完善其运行机制

近年来，许多高校成立了由校长或校党委书记为组长，分管教学工作

的副校长和分管思政工作的党委副书记任副组长，马克思主义学院（社科部）以及学校相关职能部门领导参加的“思政课建设领导小组”。该小组把实践教学纳入思政课建设管理范围，并对其进行长远规划、宏观指导和有效监督。一方面，校党委与行政职能部门共同重视和配合是思政课实践教学良性发展的基础；另一方面，“思政课建设领导小组”在推进思政课改革发展过程中，有针对性地制定符合本学校实际情况的规章制度、配套措施，使思政课实践教学有据可依，保障其长效发展；另外，思政课实践教学基地建设要和不同的部门合作，需要学校主管部门牵头或出面协调。

2. 微观层面上，加强思政课四个教研室课内实践教学的组织协调

以河北科技大学为例，现在的课程设置是大一上半学期“思想道德修养与法律基础”和“马克思主义基本原理概论”在各学院同时开课，大一下半学期“中国近现代史纲要”在各学院和“毛泽东思想和中国特色社会主义理论体系概论”在部分学院同时开课，这就要求教研室之间在制定各自课内实践教学的形式、主题内容的选择、实践报告形式和规范性要求等方面相互协调，避免造成内容上的重复、形式上的混淆和时间上的“撞车”。

（三）提升思政课教师的综合素质和提高思政课教师对实践教学的投入力度

思政课实践教学能否有实效性，教师的指导落实是关键环节。相比思政课理论教学，实践教学对任课教师在综合素质和时间、精力的投入上提出了更高的要求。

1. 提升思政课教师的综合素质

思政课教师要及时领悟中央精神、紧抓时代脉搏，捕捉社会热点，掌控学生心理。在课堂、课外要“以理服人”“以情动人”“以创新的教学方式吸引人”。这就对思政课教师的综合素质提出更高的要求。第一，要不断提高和完善教师的理论体系，思政课教师要抓住一切机会，利用各种形式，积

极主动开展相关的理论学习、研究和经验交流，不断提高自身的马克思主义理论素养，丰富自己的教学经验、专业水平，把我党革命、建设和改革过程中的实践经验和鲜活经验，以及取得的伟大成就用灵活多样的教学方式渗透到课堂、课外的教学中去。河北省教育厅今年就为本省高校思政课教师统一征订《光明日报》，让教师在免费阅读中央党报的过程中既丰富了自己的理论知识又掌握了党的大政方针、改革步伐和社会热点。第二，加强对思政课教师的培训，拓宽他们的视野。政府相关部门和高校要有计划地、系统地安排思政课教师利用寒暑假时间有针对性地考察革命老区、改革典型、特色农村乡镇等或到企事业单位挂职锻炼，让他们追踪革命足迹，切实、全面地体会改革开放以来中国的巨大变迁，开阔视野更有利于他们设计有价值的实践方案，提高实践教学的使命感、时代感。

2. 思政课教师对实践教学的投入力度

第一，思政课教师在实践教学中的主导作用要名副其实，虽然实践教学强调以学生为本，让学生在实际参与中内化所学理论，建构认知结构，但教师的主导地位是不能动摇的。教师要规划实践教学的形式、内容、进程，在实践教学实施进程中，通过师生之间对事件、人物和社会问题的交流互动和剖析，引导学生从感性认识到理性认识的升华，提高他们用理论知识分析、解决现实社会问题的能力，摒弃他们对社会的逆反心理，端正他们的生活态度，丰富和深化他们的认知水平，提升他们的综合素养。第二，思政课教师要认真投入，在实践教学过程中善于运用多种实践教学方式。思政课教师要结合本门课教学内容和教学目的，用心设计，灵活运用课堂、校内、社会和虚拟网络，实现理论教学与实践教学的相互促进、相得益彰，真正实现用理论教学来指导实践教学，用实践教学为理论教学提供翔实的感性材料，丰富、升华理论知识。不断推动大学生知、情、理、意、行的发展。第三，各高校应建立思政课教师实践教学的激励机制，这一项也是达到前两项目的的基础。把实践教学效果同教师的切身利益挂起钩来，将教师开展实践教学活动和实践教学成果作为教师评优和职称晋升的依据之一，以充分调动思政课教师开展实践教学的主动性和积极性。

（四）要不折不扣地保障实践教学课时

各高校要认真贯彻教育部对政治理论课各门课程总课时的规定，不能无限制地压缩，并根据各门课程自身特点，把实践教学正式纳入思政课教学计划之中，明确规定思政课实践教学占各门课总课时数的比例，并在执行过程中加强监督、评估和考核，避免实践教学课时虚设或被压缩、挪用。

（五）建立、健全思政课实践教学经费的支持保障机制

各高校要加大对思政课实践教学的经费投入。党中央早就认识到思政课开展实践教学的重要性和紧迫性。教育部明确规定："思政课实践教学的经费为每一个学生 20 元。"因此，各高校应将思政课实践教学经费纳入到年度预算之中，并专款专用。同时，随着物价的上涨，中央、地方政府和学校要通力合作，提高每个学生思政课实践教学的专项经费的数额。另外，各高校要根据本学校的实际情况，适时更新思政课实践教学所需的硬件设施，借助于投影、录像和网络等教学新媒介来增强实践教学效果。

通过校领导和相关职能部门的牵头协调，拓宽思政课实践教学经费筹措渠道。通过培训、研发、协作等各种途径，充分利用政府、企业、各类媒体、社会名人等各种力量筹措资金，保障实践教学经费的充足。

（六）建立规范稳定的思政课实践教学基地

基地是进行思政课实践教学的战略依托和重要载体，建立起稳定、规范的思政课实践教学基地，是实现思政课实践教学长效发展的基础。

高校应明确建立思政课实践教学基地的目的。在党的十八大报告中首次"把立德做人作为教育的根本任务"，为高校在新形势下制定思政课实践教学基地建设的目标指明了方向，即通过实践基地使学生在切身感悟或体验中树立正确的道德理念，坚定正确的政治方向。

高校应根据思政课教学内容和教学目的，遵循典型性、教育性和就近性等原则，合理规划基地建设。各高校既可充分利用自身所具有的专业优势、所处的地理位置，在周边选择经济发展、社会保障、生态环境、道德风尚等某方面具有示范作用的地方、企业作为思政课实践基地，使学生感悟改革开放的伟大成就，体验民族精神和时代精神。可选择相对落后地区建立实践基地，使学生深刻认识我国国情，加深对社会主义初级阶段理论的认识，树立改变贫穷落后面貌的决心；也可选择革命圣地作为思政课实践基地，使学生重温革命历程，端正历史态度，感悟今天美好生活的来之不易；还可以和企事业单位相关部门或者当地政府有关部门合作共建部分实践基地。

学校在基地建设过程中，要秉承互利互惠的原则，在不增加企业负担的同时，使其切切实实感受到合作共赢的好处。学校要充分利用理论、技术、人力资源优势，切实帮助企业解决发展瓶颈和运作中的实际困难，长期的合作机制才能建立起来。

【参考文献】

[1] 王学俭，李永杰．高校思想政治理论课社会实践教学机制创新的思考[J]. 思想教育研究，2008（2）：37-40.

[2] 朱婷婷．高校思想政治理论课实践教学存在的问题及对策研究 [D]. 重庆：西南大学，2014.

[3] 刘翠．高校思想政治理论课实践教学改革探究 [D]. 无锡：江南大学，2015.

[4] 王江云．高校思想政治理论课实践教学存在的问题及对策研究 [D]. 郑州：郑州大学，2015.

整合高校实践教学资源，切实发挥实践育人功效

秦平山

伴随科学技术和人类社会的不断进步，社会对人才，尤其是高级人才的要求也就越来越高，复合型、实践能力较强的人才就会越来越受到用人单位和社会的青睐。面对这样一种局面，作为高等教育实施者的高校也应积极转变办学观念，开阔办学思路，在教学及其他环节中设置或加强实践教学的分量，以此来提高高校毕业生的实践能力，培养复合型人才。但是通过这些年来的实际操作，高等院校的实践教学也暴露出不少问题，尤其是高校社会实践条块分割性现象比较严重，缺乏统一的管理或规划，严重影响了通过实践教学达到实践育人目标的实现。就笔者所在单位的实践教学实际运行情况来讲，有归口学校团委和学生管理部门管理的每年度的暑期社会实践；还有归口教务部门和各教学单位组织和实施的思想政治课程内实践和课程外实践；除此之外还有学校对有些专业要求的精工实习及专业实习。总而言之，为了达到实践育人的目标，学校各个部门各个层面都竭尽所能地为学生安排社会实践活动，但是除专业课程实习外其他的社会

实践都存在缺乏统一统筹和谋划、同质化，以及学生参与度不够、积极性不高的问题。因此，笔者认为有必要对高校的实践教学进行整合，以达到真正实践育人的目标。

一、建立健全实践教学质量评估体系

为了达到培养高学历、高能力人才的需要，在教育主管部门的引导和要求下，各个高校都在建立和完善以教学为中心的面向课程教育的主体、客体及教育管理部门和机构的教学质量评估系统，教学质量评估系统有力地整合了高校现有的各种社会资源，为促进高等院校的教学和学科发展起到了积极作用，同时教学质量评估系统也为高校教学改革、教育和教学决策提供了依据。作为高校人才培养的重要内容，实践教学同样要建立健全质量评估体系。第一，高校实践教学质量是高校教学非常重要的一部分，从整体建设与部分发展之间的关系来讲就需要建立健全实践教学质量评估体系，只有完善了各个部分的质量评价体系，高校教学质量评估体系才能更科学、更准确地反映出高校教学的实际。第二，同其他课程教学体系不一样，实践教学有自己非常明显的特征，高校教学质量评估体系主要的评估内容为课堂教学，而实践教学与课堂教学有明显区别，因此不能够用课堂教学的质量评估体系来评价实践教学，要根据实践教学的特点来建立专门针对实践教学的质量评估体系。第三，《教育部等部委关于进一步加强高校实践育人工作的若干意见》中明确提出要“强化实践教学环节”，因此从实践教学自身发展的要求来讲，也需要建立健全教学质量评估体系。第四，按照高等教育体制改革和教育体制创新的要求，也需要建立健全实践教学质量评估体系。高等教育体制改革和教育体制创新都需要建立在科学的决策之上，未来教育的发展一定会对高校毕业生的实践能力提出更高的要求，高等教育改革的目标就是培养实践能力强的复合型人才，因此建立健全实践教学质量评估系统，能够为实现高等教育改革目标和教育体制创新提供科学的决策依据。

高校实践教学质量评估系统的建立健全是一个渐进的系统工程，一方面高校教学质量评估为实践教学质量的评估提供了参考的模板和对象，另一方面高校实践教学评估又有自己的特点，不能够照搬照抄，而需要根据自己的特点来建立健全。对于高校教学质量评估体系的建立原则也有不同的观点和意见。一部分学者认为，高校应该是为社会提供“产品”（合格的毕业生）的，因此高校教学质量的评估体系更多地要听取外部，尤其是社会各界和用人单位对高校教学质量的评估意见；也有一部分学者认为高等院校是为学生提供服务的行业，因此教学质量更多地要听取服务对象，也就是学生的意见。不管是上面哪一种观点，都具有片面性，高等院校既不是为社会提供产品的工厂，也不是为学生提供服务的第三产业，以上两种观点都片面地理解和认识了高等院校的性质和任务，以此为基础的高校教学质量评估体系将无法准确而全面地反映高等院校教学的实际情况，进而会导致相关部门和机关作出错误的评判。高等院校具有教育性、学术性、自治性和开放性，是传授专业知识、培养专业技能、进行文化传播和探索的场所。因此，高校和高校教育与其他行业相比较有其自身非常显著的特征，我们无法用其他行业和机构的质量评估体系来对高校的教学质量进行评估，我们要建立适合高校自身特点和有利于高校行业发展的评估体系来对高校的教学质量进行评估。高校的教学质量评估体系应当是征求包括受众、施教者、管理部门等多方面意见，对课程设置、课程准备、课程讲授、考试成绩等内容的全方位、全过程的质量评估体系。

作为高校教学质量评估体系中非常重要的内容，实践教学质量评估体系也需要根据高校教学质量评估体系和实践教学自身的特点来设置。首先，从课程设置的角度分析高校社会实践课程设置的合理性和科学性，还要考量课堂教学和实践教学比例的合理性和科学性；其次，要调查学生对实践教学的“参与度”和“满意度”及学生最终的实践成绩；最后，还要征求实践机构和实践单位对实践活动及参加实践的学生及老师的意见。另外，实践教学质量体系评估不仅仅是对结果的评估，还是对整个实践教学过程的监督和管理。从提高高校实践教学效果，真正发挥实践教学功效的目的来看，首先就要建立健全实践教学质量评估计体系。

二、建立健全实践教学信息管理平台

高校实践教学信息管理平台是进行高等院校信息化建设的重要组成部分，高校实践教学信息化管理平台对强化学生的实践动手能力和评判学生科研能力具有重要的作用。高校实践教学信息化管理平台是对高校实践教学的综合数据进行信息化管理和分析之后，指导高校社会实践学生进行课程设计、课程实施、成绩评定等实践教学环节的综合性系统管理工具，是一种基于“互联网＋”大数据基础上的教学管理系统，它的建立一方面需要利用校园网络资源，另一方面也需要数据库的构建和对大数据资源信息的分析，高校实践教学信息化管理平台为学生实践教学提供资源和考核评估机制。

高校实践教学质量评估体系和信息化管理平台二者之间具有一定的关联性，都需要利用计算机信息化技术及互联网，但是二者之间又存在显著区别，而且在高校实践教学中所发挥的作用也是不尽相同的。

首先，实践教学质量评估体系注重评价教学的结果和在人才培养过程中实际发挥的功效，而信息化管理平台更加注重对过程的指导，通过过程指导更好地管理学生的社会实践；其次，实践教学质量评估体系主要是征求各方对社会实践的意见及建议，并在此基础上进行全面分析得出结论，信息化管理平台则是从管理和协调的角度来指导学生的具体实践活动；再次，实践教学质量评估体系通常是第三方对高校实践教学活动的效果的评价，属于外部评价系统，信息化管理平台是便于实践的参与者和管理者对社会实践进行协调和管理，属于内部管理系统；最后，实践教学质量评估体系是为高校实践教学乃至整个高校教学改革、发展和创新提供理论依据，而信息化管理平台是为高校教学及实践教学的具体内容和要求进行规范化、科学化运作提供保障。

虽然，高校实践教学质量评估体系和实践教学信息化管理平台属于不同的范畴，各自在高校实践教学活动中发挥着不同作用，但是它们之间是相互联系、相互促进的。健全而高效的信息化管理平台能够通过全过程、各环节的协调与管理实现教学目的，并保证实践教学活动的科学性、合理性，从而高质量地完成实践教学活动，而实践教学质量评估体系通过对实践教学全过程、全环节、全方位的质量评估可以促使实践教学信息化平台的设置更加科学、更加合理。因此，二者之间是矛盾统一的，二者应该相互发展、相互促进，共同推动实践教学的发展和创新。

高校实践教学管理是高校教育管理的重中之重，然而由于历史沿革和传统思想的约束，导致很多高校重理论轻实践的思想较为突出，对实践教学信息管理的认识还不够，实践教学师资队伍与教学管理队伍建设还比较滞后。为了促进高校实践教学信息管理可靠运行，需要进行高校实践教学信息管理平台的优化分析设计和运行模式的优化，主要提出如下几个方面的改革思路作为探讨：一是加强思想重视，提高对高校实践教学的投入力度和管理力度，在硬件配套资源的投入和信息化平台的开发方面再下功夫，管理部门增加对高校实践教学师资力量和资源配套建设方面的投入开支，构建集成智能化的高校实践教学信息化管理系统，提高实践教学的资源共享能力。二是引入计算机辅助管理模式，促进高校实践教学管理信息化，提高管理水平和效率。在高校实践教学管理信息化平台设以总体需求作为分析报告的依据，根据前期的系统平台设计的详细需求，结合高校实践教学信息化管理的实际需求，采用计算机辅助信息管理模式，在信息化管理的运行、测试和维护阶段，保障资料的完整性和系统功能的完善性，促进高校实践教学信息化管理水平的升级。三是创新实践教学管理体制。在管理层需要着重强调实践教学的重要性，结合不同高校的学科文化、专业特色和教育环境，进行实践教学管理信息化平台的设计和创新。根据专业的特点与企业实习单位建立合作关系，明确实践教师的分工和目标任务，促进实践教学考评和教学机制的完善，通过实践教学，培养学生创新能力。

【参考文献】

[1] 孙绪民，桑爱友．关于高校思想政治理论课实践教学的几点认识 [J]. 岱宗学刊，2006（3）：76-78.

[2] 钱广荣．高校思想政治理论课的实践教学探讨 [J]. 思想理论教育，2007（3）：69-71.

[3] 侯云霞，于金秀．高校思想政治理论课教学实践与实践教学思考 [J]. 中国特色社会主义研究，2007（2）：104-108.

[4] 郑向东，申群喜．健全高校思想政治理论课实践教学保障机制 [J]. 社科纵横，2007（7）：139-141.

高校思政课实践教学效果评估体系与评价方法

崔会东

思政课实践教学是高校思想政治理论课教学活动的重要组成部分，而思政课实践教学效果评估则是思政课实践教学的重要一环。实践教学效果评估的目的是总结经验、吸取教训，为以后的实践教学活动提供重要参考和指导。因此，构建科学的思政课实践教学效果评估体系和评价方法对思政课实践教学的开展尤为重要。本文旨在对思政课实践教学效果评估的指标体系和评价方法进行探讨。

一、思政课实践教学效果评估指标体系构建的原则

（一）合理性原则

思政课实践教学效果评估指标的设置要科学合理。这一原则要求我们在设置评估指标时要从实际出发，根据本校学生受教育的状况、师资力量、教学设备以及财务状况构建合理的评估指标体系。

（二）可对照性原则

可对照性是指实践教学与课堂教学的可比较性。课堂教学的任务是向学生传授基础知识和基本理论，而实践教学则是培养学生运用基础知识和基本理论的能力，并进一步深化、巩固课堂知识。在构建实践教学效果评估指标体系时，必须要考虑实践教学与课堂教学的可比较性，找出彼此的长处与不足。

（三）可操作性原则

可操作性是指评估指标体系的可行性或实用性。首先，评估指标的设置既要全面，又要简单明了。其次，指标的描述要严谨、准确，语句要精练，表达要完整，遣词造句切忌含混不清、模棱两可。再次，要尽量采用量化指标，少用定性指标。如果过多使用定性指标，评估就容易增加人为因素，从而使评估结果失真，对以后实践教学的开展危害很大。

二、实践教学效果评估指标体系的框架和内容

本文认为，评价思政课实践教学效果的指标设置应包括学校支持能力，实践活动组织者的组织、执行能力，学生参与实践活动的态度，以及实践活动的直接成果 4 个一级指标，16 个二级指标。其具体构成情况见表 1。

（一）学校支持能力

学校的支持和保障是实践教学得以开展的首要前提。学校的实践教学要正规有序、常态化进行，必须要有学校的制度保障和物质支持。学校保障包括：学校是否将实践教学纳入正常的教学计划；学校是否制定关于实践教学的具体规章和制度；学校是否有关于实践教学的财务支持政策；学校是否进行实践教学基地的建设；等等。

表 1 评价实践教学效果的指标模块

<table>
<tr><td rowspan="4">模块及所含指标释义</td><td>学校支持能力</td><td>1. 实践教学的常态化：学校是否把实践教学纳入正常的课程设置
2. 实践活动的物质支持：学校能否满足实践活动所需的经费和设备以及其他物质条件
3. 学校对实践基地的建设水平：学校是否设置了实践活动基地，是否有能力根据教学需要进行基地建设
4. 政策保证：学校能否制定鼓励实践教学的具体制度，如对表现优秀的教师和学生的奖励制度等</td></tr>
<tr><td>实践教学组织水平</td><td>5. 实践教学课题的选定：实践课题的选择是否符合学生学习的实际情况，能否引起学生的兴趣
6. 带队教师的业务能力：带队教师业务水准能不能满足实践需要，其专业背景是否与实践内容相符
7. 带队教师认知水平：带队教师对实践活动的内容和意义是否有充分的认识
8. 带队教师管理能力：带队教师能否指导实践活动高效、有序进行，包括指导教师对实践计划的执行能力及与学生的沟通互动能力
9. 管理模式及评价机制：管理模式及评价机制是否科学合理
10. 实践教学规划与设计：实践教学规划与设计可行程度</td></tr>
<tr><td>学生态度</td><td>11. 学生对实践活动主题的内容和意义以及相关要求的认知水平
12. 学生参加的热情度：学生参加实践活动的要求程度
13. 学生参加的广度：实践活动对学生的覆盖面，即实践活动能使多少学生参加并受益</td></tr>
<tr><td>实践教学直接反响</td><td>14. 学生的感受：通过参加实践活动，学生对实践能力及对课堂知识的深化和巩固方面的感受
15. 教师对实践教学效果的评价：指导教师对本次实践活动结果的评价
16. 实践基地评估：实践活动所在地对师生的精神风貌、组织纪律及实践结果的满意程度</td></tr>
</table>

（二）实践活动的组织能力

实践活动的组织水平直接关系到实践活动的效果。实践教学组织水平包括：学校是否有专门的实践教学领导机构；是否有专门的教师指导队伍；是否有实践教学常态化运行的机制；是否有科学的实践教学管理模式及评价机制；学校关于实践教学的规划设计是否符合本校实际；指导教师的专业水平和组织管理能力等。

（三）学生对实践教学的态度

实践教学的主体是学生，实践教学效果的好坏当然也取决于学生对实践教学的态度。学生态度包括：学生对实践教学的了解程度；学生参加的愿望及参加的广度。

（四）实践教学的直接反响

实践教学的直接反响是思政课实践教学效果最直接的反映，是实践教学效果评估体系中最重要的模块。实践教学的直接反响包括：学生本人对实践教学的体会和收获；指导教师对实践教学的评价；实践教学参与者对实践教学基地的评价。

三、社会实践效果评价方法

大学生思政课实践教学效果评估指标体系可以让我们对思政课实践教学活动各方面情况有一个初步认识，但要对评价对象进行整体的评价，则必须将反映评价对象多维信息的指标体系进行转换，变为可综合的、单维的总体评价数值，旨在全面分析评价对象。要想得到科学、公正、准确的评价结果，就必须制订出一套科学合理而又具可操作性的、有效的评价方法，以便于更加深入地分析评价对象，为思政课实践教学提供更有价值的参考。

（一）评价的步骤和内容

根据大学生思政课实践教学效果评估对象特点，确定评估步骤及内容如下：

1. 确定定性指标评分方法

由于被评估事物的复杂性和综合性，本指标体系全部采用定性指标，因此科学制定定性指标评分标准就显得尤为重要。

2. 确定指标权数

权数是度量被评价事物总体中各个因素相对重要程度的量值。变动指标权数，被评价对象的优劣顺序也会随之改变，因此，科学确定指标权数是综合评估中一个非常关键且有难度的问题。

3. 确定综合方法

在对被评估对象全面、系统分析的基础上，选取合适的综合方法对评估指标值进行层层汇总，得到最终结果。

（二）评价指标的评分方法

1. 问题评判原则

对问题进行评判是将社会实践效果评价调查问卷中的问题及其答案按照一定的评判标准转化为指标评价值。具体要遵守以下评判原则：

（1）问卷的问题值与转化后的指标值要相对应。按照规定的评判标准，问卷问题值转化为指标评价值的过程中要保证信息正确、重要性一致。

（2）防止主观因素影响过大。在确定问卷问题值时要尽量避免评判标准对其的主观影响，以控制指标评价值的分布区间。

（3）简单且容易操作。制定评判标准要尽量简单且容易操作，以简化工作程序、减少工作量。

2. 问题评判标准

思政课实践教学效果应由学生、指导教师、实践活动所在地相关人员三方的评价综合而定。学生自身评价、指导教师评价、实践所在地相关人员评价均可采用调查问卷形式，也可通过组织教师对学生提交的实践报告、论文或科研成果进行评定来获取数据。

（三）评价指标体系权重的确定

由于大学生思政课实践教学效果评估指标体系中各个指标在评价中的作用不同，在总评价中的重要程度也会产生差异，因此，要想客观、真实地反映实践教学的效果就需要确定指标体系的权重。

常用的确定指标权数的方法主要有主观赋权法和客观赋权法。

主观赋权法是评估人员根据自身的阅历、知识和经验对各项指标进行打分获得权数的一种方法。该方法较为常用的是专家评判法和层次分析法（AHP）两种。客观赋权法是直接根据各个指标间的相互关系或各指标提供的信息量经过一定数学处理后获得权数的一种方法。该方法常用的是变异系数法、相关系数法等。根据实践教学效果评估中，所用评估指标都是定性指标可以看出，采用专家评判法即德尔菲法（Delphi）较好。

专家评判法是邀请一批长期从事评估问题研究的专家学者或者是长期从事评估问题实践的管理者背对背给每个评价指标打分，然后将各位专家的打分结果加总得到指标权数。专家评判法确定权数主要受专家的经验和分析判断能力影响，因此，专家选择得是否合理是专家评判法能否正确应用的关键。问卷收集权数资料的具体步骤为：

（1）根据评估目的和评估对象特点确定评估专家。专家应该精通思政课实践教学业务，熟悉思政课实践教学评估工作内容和评估对象特点，有真才实学，有工作经验，有客观判断能力，对评估工作认真、负责、热情。考虑到社会实践效果评价的专业性，选择对象应包括从事思政课实践教学研究的教师、指导思政课实践活动经验丰富的教师和负责思政课实践活动实施的教育教学管理部门的领导。

（2）拟定权数调查表，收集指标权数。调查表的设计直接关系到评价指标权数资料收集的科学性和客观性。因此，我们根据思政课实践教学研究的目的和要求，按照表 1 实践活动评价指标体系内容设计评估指标权重系数调查问卷。为避免专家判断赋值的自相矛盾，保持前后判断的一致性，在设计问卷时，要求每个指标的权重系数取值范围介于 0 ～ 1 之间，各模块的权重系数之和应等于 1，各模块中指标的权重系数之和应等于 1。

（3）汇总得到指标权重。考虑到教师和教学管理部门在大学生实践活动中的作用差异，在权数汇总时，先对两类专家各项指标的权重分别进行简单平均，然后再按 6 ∶ 4 的权重进行总和，得出各指标的权重值。

（四）指标体系综合评价方法的确定

综合评价是要将多个描述被评价事物不同侧面的指标评价值加以综合而形成一个综合指标。多指标综合的方法很多，归结起来不外乎三大类：线性综合法、几何综合法和混合综合法。线性综合法是将各评价值求和获得综合评价值的一种综合方法，常采用加权求和的方式，计算公式为

$$F_i = \sum_{j-1}^{n} w_j f_{ij}$$

式中：F_i——第 i 个指标的综合得分值；f_{ij}——第 i 个指标的第 j 项得分值；w_j——第 j 项指标的权重系数；j——评价指标体系拥有的指标个数。

用线性综合评价法进行综合评价的特点是：各评价指标间可以用线性替代，特别是对评价数据类型无什么要求，计算简便。

大学生实践效果综合得分的具体计算步骤为：

（1）确定问卷问题与评价指标的对应关系。通过发放问卷收集了大量学生和教师关于实践教学效果的调查资料，但调查的问题还需要与评价指标进行对应，才能转化为可量化的数据，问卷问题与指标的对应关系如表 2 所示。

（2）计算指标得分。根据实践效果指标与问题对应关系，首先按照简单平均法分别求出学生和教师各指标的得分，然后再按 5 ∶ 5 的比例加权计算指标的综合得分。

（3）计算模块得分和总得分。根据各指标得分，利用加权线性综合法计算出四个模块的得分及实践教学效果总得分。

（4）进行排序。根据实践活动的总得分对参加实践的小组进行排序。

表 2 社会实践效果问卷问题与评价指标的对应关系

指标	对应学生问卷	1. 实践教学的常态化 2. 实践教学的物质保障 3. 实践教学基地建设情况 4. 制度保障 5. 实践教学课题的选定 6. 指导教师业务水平 7. 指导教师认识水平 8. 指导教师组织水平
	对应教师问卷	9. 管理模式及评价机制 10. 实践教学规划与设计 11. 学生对实践教学的了解情况 12. 学生参加的积极性 13. 学生参加的广泛性 14. 学生的体会和收获 15. 教师对实践教学效果的评价 16. 实践活动所在地评价

上述评价指标体系和评价方法可作为参考，各校可根据自己的实际情况加以改进。本文旨在抛砖引玉，为思政课实践教学更好地开展尽一份绵薄之力。

【参考文献】

[1] 杜威漩．高校人文社科专业实践教学制度创新及效应 [J]. 大庆师范学院学报，2012（3）: 137-140.

[2] 河北科技大学课题组．高校政治理论课社会实践教学环节研究与实践 [J]. 思想理论教育导刊，2008（5）: 80-85.

[3] 荣飞，李荣平．区域技术创新环境评价研究 [J]. 河北大学学报（哲学社会科学板），2005（5）: 87-91.

思政课实践教学常态化运行的几个关键问题

朱晨静

2004年，中共中央、国务院在《关于进一步加强和改进大学生思想政治教育的意见》(2004)中明确指出:“社会实践是大学生思想政治教育的重要环节，对促进大学生了解社会、了解国情、增长才干、奉献社会、锻炼毅力、培养品格、增强社会责任感具有不可替代的作用。”(1)紧接着，在2005年，中共中央宣传部、教育部又出台了《关于进一步加强和改进高等学校思想政治理论课的意见》(即我们常说的“05方案”)，该方案指出:“高等学校思想政治理论课所有课程都要加强实践环节。要建立和完善实践教学保障机制，探索实践育人的长效机制。围绕教学目标，制定大纲，规定学时，提供必要经费。加强组织和管理，把实践教学与社会调查、志愿服务、公益活动、专业课实习等结合起来，引导大学生走出校门，到基层去，到工农群众中去。要通过形式多样的实践教学活动，提高学生思想

(1)中共中央国务院《关于进一步加强和改进大学生思想政治教育的意见》(中发〔2004〕16号)[EB/OL].[2017-08-08]. http：//www.doc88.com/p-1038532519375.html .

政治素质和观察分析社会现象的能力，深化教育教学的效果。”[1] 从上述两个文件不难看出，开展思想政治理论课实践教学意义重大，党中央、教育部高度重视。自此，思政课实践教学开启了全面改革和建设的征程。

经过十多年的摸索，思政课实践教学取得了突破性进展，但也面临着新的发展问题。2015 年，中央宣传部、教育部印发了关于《普通高校思想政治理论课建设体系创新计划》，该计划要求：“努力强化实践教学，建设与课堂教学相互促进的思想政治理论课第二课堂教学体系”，“制定印发《高校思想政治理论课实践教学大纲》，进一步规范实践教学”。[2] 同年，教育部关于《高等学校思想政治理论课建设标准》中进一步强调“把实践教学纳入教学计划，统筹思想政治理论课各门课的实践教学、落实学分（本科 2 学分，专科 1 学分）、教学内容、指导教师和专项经费。实践教学覆盖全体学生，建立相对稳定的校外实践教学基地”。[3] 2017 年 2 月，中共中央、国务院印发了《关于加强和改进新形势下高校思想政治工作的意见》，该意见再次强调：“要强化社会实践育人，提高实践教学比重，组织师生参加社会实践活动，完善科教融合、校企联合等协同育人模式，加强实践教学基地建设，建立健全国家机关、企事业单位、社会团体接收大学生实习实训制度，开设创新创业教育专门课程，增强军事训练实效，建立

(1) 中共中央宣传部教育部《关于进一步加强和改进高等学校思想政治理论课的意见》的实施方案 [EB/OL].[2017-08-08].https：//wenku.baidu.com/view/ed46630c76c66137ee0619bd.html.

(2) 中央宣传部 教育部关于印发《普通高校思想政治理论课建设体系创新计划》的通知 [EB/OL].[2017-08-08].http：//www.moe.edu.cn/srcsite/A13/moe_772/201508/t20150811_199379.html.

(3) 教育部关于印发《高等学校思想政治理论课建设标准》的通知 [EB/OL].[2017-08-08].http：//www.moe.edu.cn/srcsite/A13/moe_772/201509/t20150923_210168.html.

健全学雷锋志愿服务制度。”[1]

综观这十多年来思政课实践教学的发展，可以说，无论中央还是地方各大高校，思政课实践教学的重要性得到了一致广泛的认可。但是，不可否认，仍然存在对思政课实践性本质、对思政课实践教学的重要性认识不足，部分思政课实践教学流于形式，以及教师和学生的主动性不足等问题。这些问题严重影响了思政课实践教学的效果。

一、思政课实践教学常态化运行的主体性问题

主体性，从本质上讲它是一个与客体或客体性相对的哲学范畴。在西方哲学中，主体性概念经历了由“实体主体”到“认知主体”再到“生命主体”的历史演变，体现了人这一主体在哲学视野中，从本体论走向认识论、人本论的逻辑转向，最终凸显了人作为主体的存在价值与意义。马克思主义实践论认为，主体性是人在实践过程中表现出来的能力、地位或作用，突出表现为人的自觉能动性、超越性、自律性等特性。由此，思政课的主体性，应该是充分发挥人这一主体在思政课教学中的积极性、主动性和自觉性。

只不过问题是，思政课的主体不止一个，尤其是思政课实践教学常态化运行的主体，是一个不单单涉及教师—学生主体，同时关涉着教务部门、管理部门、实践对象主体等在内的多个主体，需要协同调动各方主体的自觉性与能动性，方能充分发挥思政课实践教学的合力，以促成其常态化运行。然而，长期以来，在我国思政课实践教学中，存在着“过多强调

(1) 中共中央、国务院印发《关于加强和改进新形势下高校思想政治工作的意见》[EB/OL].[2017-08-08]. http：//guoqing.china.com.cn/2017-06/26/content_41098359.htm .

教师主体性，而相对忽略学生主体性尤其是教务、管理等相关职能部门主体性”的问题，一定程度上影响了思政课实践教学主体效能的发挥及其常态化运行的培育。按照中共中央宣传部、教育部制定的一系列文件的基本精神，探索积极有效的思政课实践教学的常态化运行模式，不能只强调教师的主体性，需要激发思政课实践教学各方主体的积极性和主动性，以各主体的协同联动之势来探索思政课实践教学的常态化运行。

二、思政课实践教学常态化运行的主题设定问题

影响思政课实践教学的要素是多重的，其中，选择什么样的主题，也是重要一环。本文认为，实践主题的设定应该坚持以下几点：

其一，以教材体系为本。思政课教材体系具有完整性、系统性、科学性、理论性等特征，是引领广大青年形成正确的世界观、人生观和价值观的理论之本。由此，思政课实践教学要常态化运行，首先需要理清、摸透教材体系，紧扣教材内容，根据教材体系预期目标的重难点问题来设置实践主题。以《思想道德修养与法律基础》教材为例，绪论部分的重点是引导大学生了解大学生活，为大学生活确立新的目标和方向，因此，这一部分的实践主题可以围绕走访名师、走访老者、寻找优秀的身边人等方面展开。再比如，第一章“追求远大理想，坚定崇高信念”，这部分内容的重难点是如何引导大学生树立远大理想，明确成才目标，进而确立科学的信仰，这不仅是一个理论难题，同时是一个与大学生成长密切相关的实践命题。因此，这一部分内容的实践主题可以围绕大学生活规划、大学学习计划、我的理想、讲述身边人的信仰追求等方面展开。

其二，以教学体系为辅。从思政课的教学目标来看，教材优势实际上只是提供了一个重要的前提条件，教材优势并不能直接保障教学目标的

实现。优质的教材体系只有通过科学、优秀的教学环节和实际有效的实践环节，才能真正实现青年学生对教学目标的认同与内化。因此，思政课实践教学的常态化运行必须以教材体系为本，以教学体系为辅，把教学中遇到的重难点问题、社会现实问题、热点问题等转化为具体的实践议题，在实践中深化学生对理论问题的认知，并通过实践来检验理论认知。这不仅有利于锻炼学生组织协调、解决实际问题的能力，更重要的是有利于培养学生形成分析判断社会问题的正确的立场、观点和方法。比如，在“小悦悦”事件、“我爸是李刚”事件发生后，我们马上利用学生假期返乡时间组织当地的同学成立实践小分队，进行实际调查，了解事情真相。结果发现了与网络所传不一致的事实，随后形成了《网络舆情生成发展规律》的研究报告，得到相关部门重要批示。“雄安新区”一成立，我们随即组织四个小分队赶赴雄安，了解当地实际状况。类似的实践很多，在实践中，学生们明白了“没有调查就没有发言权”的道理。因此，思政课实践教学并不是随机的，而是作为教学体系的延伸和拓展而展开的。

其三，以学生成长成才的内在需求为主要原则。思政课实践教学的原则有很多，比如“三贴近原则”“可行性原则”“实效性原则”等，但是，万变不离其宗，所有的原则最终都要归于一点，那就是学生的成长成才。正如胡锦涛同志强调的：“既要学会做事，又要学会做人；既要打开视野、丰富知识，又要增长创新精神和创新能力；既要发展记忆力、注意力、观察力、思维力等智力因素，又要发展动机、兴趣、情感、意志和性格等人格因素；既要增添学识才干，又要增进身心健康。”(1) 只有从学生的内在需求出发，把学生在生活、学习中所遇到的各种疑惑和问题，通过有目的、有计划地组织学生参加各种形式、各种层次的社会实践，让学生在亲身实

(1) 胡锦涛 . 在全国加强和改进大学生思想政治教育工作会议上的讲话 [N]. 人民日报，2005-01-19.

践过程中解惑释疑，深化理论认知，逐步形成学生对国家主流意识形态、社会核心价值理念的认同，真正感悟到党和国家路线方针政策的正确性，从而有效提升思政课的教学质量。

以上三者，缺一不可。“以教材体系为本”是基本前提，只有在这一前提下，开展实践教学，才能确保实践教学的科学性和方向性。“以教学体系为辅”是基本原则，只有在这一基本原则下，思政课实践教学的议题设置才能做到有据可依，才能确保思政课实践教学的针对性和有效性。最后，“关注学生成长成才的内在需求”是基本目标，只有在这一目标引领下，思政课实践教学才能走出“为实践而实践”的形式主义怪圈，才能真正达成思政课“实践育人”的教学目标。

三、思政课实践教学常态化运行的管理与评价问题

（一）学校要建立和完善实践教学常态化运行的长效机制

为了保证实践教学的长期有序运行，必须建立思政课实践教学常态化运行的有效运行机制。为此，学校层面需要抓好以下工作：

第一，建立统一的组织管理系统，抓好落实。思政课实践教学的常态化运行，是一个涉及教学、宣传、学生工作、校团委、马克思主义学院等众多部门的庞大系统，因此，需要统一的组织和管理，需要由校领导组织牵头，成立思政课实践教学领导小组，下设执行常设机构，负责协调管理思政课实践教学的常态化运行。

第二，建立有效的运行机制。思政课实践教学的常态化运行，涉及发布实践议题、组织动员、设立小分队、创建实践基地、管理实践运行、宣传报道、撰写实践报告等一系列活动，需要统筹安排、有序管理，形成有效的运行机制。

第三，建立一套规范的奖惩和激励机制。思政课实践教学的常态化运行，需要有经验的指导教师队伍、充足的经费保障和实践教学时间、有针对性的实践教学基地等，这些都离不开各相关职能部门的密切配合与协同作战。因此，需要制定一套完整的奖惩制度，以规范、约束相关部门的职责与权属，保障实践教学的常态化运行。

（二）设立实践教学专项经费

思政课实践教学的常态化运行关涉部门众多、环节复杂，要维护其有序运行，保证学生每一次实践教学活动的顺利开展离不开经费的支持。没有一定的实践教学经费，实践教学中面临的许多实际困难就无法解决，实践教学活动就要受到制约，也就不可能深入地开展实践教学活动。因此，各高校必须根据思政课实践教学的需要，设立思政课实践教学专项经费，并不断加大思政课实践教学经费的投入力度，以保证每一位大学生都能得到在实践中锻炼自己的机会。此外，学校要加强对思政课实践教学经费的管理，严格经费使用审批制度。实行专款专用，严禁将实践教学经费挪作他用，杜绝以领代报或下发给学生的现象发生。同时，要加强实践教学经费使用的计划性，对可支配的经费制订预算计划，根据设立的实践教学项目，从内容到形式进行论证，选取操作性、可行性最强的实践教学方案，从而使有限的实践教学经费在实践教学中发挥最大的作用和效益。

（三）加强思政课实践教学的课时与组织安排

首先，我们要切实保证实践教学的课时充足，这是思想政治教育有效性实现的前提。根据教育部规定，课堂教学与实践教学的学时之比为2∶1。根据各学校实际情况，合理安排理论教学和实践教学学时。其次，在保证实践教学课时的同时，尽力将实践教学落到实处。可以利用学生的寒暑假时间，把学生的假期实践与思政课课程实践结合起来，根据学生的不同情况分成若干小组，组织相关的社会实践考察。这在很大程度上弥补了实践教学学时不足的问题，有利于促进思政课实践教学的真正落实。

（四）改进思政课考评体系

在现行的思政课考评体系中，存在“重理论考评，轻实践考评”的问题，关于思政课实践教学的考核与评价标准尚不完善。为此，需要对现有的思政课考评体系进行改革。在考核内容上，应加大对社会实践以及学生应对实际问题能力的考核比重，包括制订实践计划、参与程度、报告撰写等多方面内容，把思政课实践教学抓好抓实，真正让实践成为促进学生成长的有效平台。

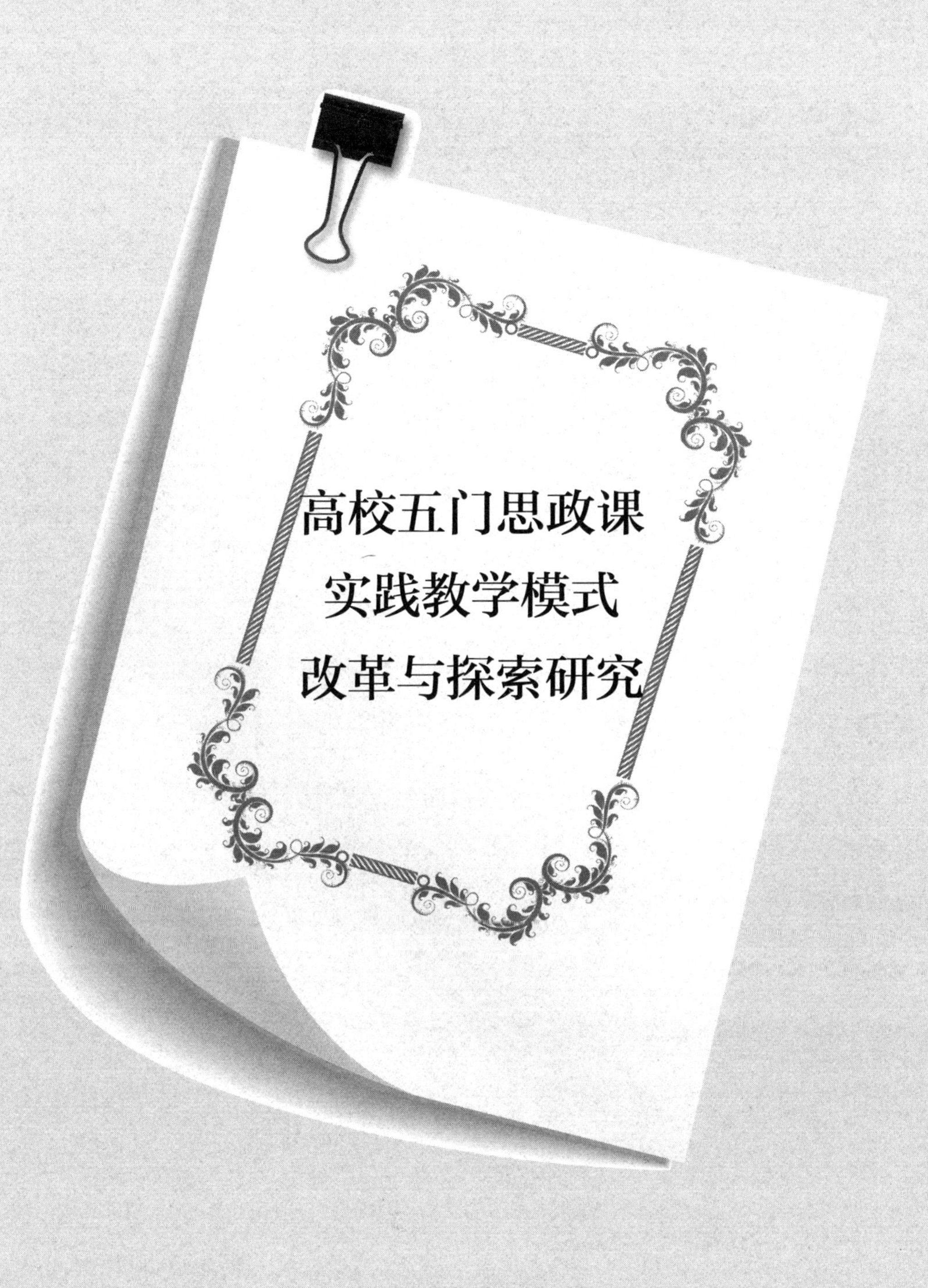
高校五门思政课
实践教学模式
改革与探索研究

思政课“5+1”实践育人模式的探索与实践

甘 玲

实践教学是高校思想政治理论课教学的一个重要环节。2016 年 12 月 7 日，习近平总书记在全国高校思想政治工作会议上指出：“高校思想政治工作根本在于做人的工作，中心环节在于立德树人，核心在于提高人才培养能力。”要落实习总书记讲话精神，思政课必须深化教学改革，让学生在获取知识的同时，锻炼运用理论发现问题、分析问题和解决问题的实践能力。近年来，在中宣部、教育部等部委的大力推动下，高校思想政治理论课教学改革取得不少经验，特别是思政课教学方法“择优推广计划”和思政课教研团队项目为思想政治理论课教学改革提供了空间和舞台，使思政课教学实效性明显增强。但在高校思想政治理论课教学中，“学生人来心不来”“教师一头热”等现象仍然存在，另外，如思政课实践教学与社会实践教学的衔接不够、思政课课程实践的有效性等诸多问题也严重影响思政课的教学效果。河北科技大学马克思主义学院结合 5 门思政课教学改革，探索出了思政课实践育人的新模式。

一、思政课“5+1”主题实践教学模式的内涵及特征

（一）思政课“5+1”主题实践教学模式的内涵

思政课“5+1”主题实践教学模式是指：思政课理论教学和实践教学有机结合，依托5门理论课和暑期社会实践而实施的5门“课程实践”和1门“社会实践”有机统一的实践教学模式。

“5+1”主题实践教学源于2013年河北科技大学应用型人才培养模式改革的需要。马克思主义学院根据思政课教学规律和学生思想品德成长规律，尝试在5门思政课中开设“实践课堂”，分阶段、分模块、分层次、分类别地实施主题实践教学活动。分阶段：加强教学研究，整合教学资源，从理论到实践，分阶段、循序渐进地推进教学改革。分模块：把5门思政课和1门假期社会实践作为一个整体构建实践教学模式。分层次：根据不同思政课的特点、不同年级的学生特点，逐课逐级推进实践教学改革。分类别：因材施教，根据文、理、工科学生的不同特点实施不同的实践项目。经过几年的试点，逐步形成了“理论课堂”和“实践课堂”有机结合、5门“课程实践”和1门“社会实践”有机统一的“5+1”主题实践教学模式。

课程实践重在通过实施课程主题实践活动，以“问题”为导向解惑释疑，促使学生在内心深处建构起科学的价值标准，对所学理论产生认同；社会实践则重在通过引导大学生积极参与社会实践，了解国情、省情，体验民情，促进大学生将价值信仰外化于行，培养他们的责任感和使命感。

（二）“5+1”主题实践教学模式的特征

1.理论性和实践性统一

“5+1”主题实践教学模式坚持理论教学为主、实践教学为辅的原则。实践教学围绕课程教学展开。在理论课堂，教师围绕理论教学的重点、难点和社会热点，根据大学生成长的内在需求和所疑所惑，对教学内容进行

主题式划分与整合，突出问题导向和理论重点难点，以多种教学方式进行理论讲授，重在强化学生对理论的理解和掌握；在实践课堂，教师根据理论教学内容和重点、难点、热点问题设计实践主题，组织实施主题实践活动。主题实践活动突出问题性和实效性，鼓励学生“以知践行，以行促知”，加深学生对理论的理解和感悟。“5+1”主题实践教学，教师以理论教学推动实践教学，以实践体悟深化学生对理论的理解，最终使学生对所学理论能够内化于心，外化于行，最终达到知行合一的目的。

2. 主导性和主体性统一

在思想政治理论课实践教学中，以教师为主导，学生为主体。“5+1”主题实践教学的主导性和主体性通过多个方面表现出来，从实践主题的选择、方案的制订、活动的实施、报告的撰写，到实践展示与评价等所有实践环节都始终强调教师全程指导，学生主动参与、亲身体验。

3. 整体性和多样性统一

整体性是“5+1”主题实践教学模式的独特魅力所在，以实践教学主题为主线，5 门思政课课程实践和 1 门暑期社会实践形成了相互影响、相互作用、不可分割的有机整体。多样性是思想政治理论课实践教学的一个重要特征，主要表现在实践方式、场所的多样性、参与对象的多样性等方面。

思想道德修养与法律基础课主题实践强调活动的丰富性和情感性，主题演讲、辩论赛、情景剧、游戏互动、校园随拍、绘画作品等形式多样的主题活动，深受学生们的欢迎；马克思主义基本原理概论课主题实践强调运用哲学原理分析现实生活中的现象；中国近现代史纲要课主题实践重在以历史剧、绘画等形式表现历史事件和历史人物；毛泽东思想和中国特色社会主义理论体系概论课主题实践重在以校园调研培养学生观察、分析社会现象的能力，加深他们对中国特色社会主义国情的了解；形势与政策课主题实践具有特殊性，一方面它是思政课的一部分，另一方面其课程内容的丰富性和多变性使得其课程实践与其他4门课程不同，其主题实践重在鼓励学生以自学方式学习形势与政策在线课程，了解国内外形势，深化对党和政府的重大方针和政策的认同。暑期社会实践综合上述5门课程内容和方法，以引领和帮助大学生在社会实践中受教育、长才干、做贡献为目的，鼓励学生积极参加暑期社会实践，进行社会调研，运用思政课所学的基本理论观察社会、了解国情民情，撰写实践报告，以增强大学生的社会责任感和实践能力，深化他们对中国特色社会主义制度的认识。

4. 目的性和综合性统一

思政课实践教学的目的在于立德树人，培养大学生运用所学理论分析和解决实际问题的能力。同时，思政课的实践教学具有综合性特征。任何实践活动的完成都不可能以某个单一的知识与技能去实现，而是多方面知识与多种能力相互交织的结果。在实践活动中，学生作为实践的主体，除了具备已学到的理论知识外，还需要观察适应社会、思考分析问题、组织管理协调、人际交流沟通、团队合作等各种实践能力。学生将已有的知识与能力运用到实践中去，既是对其所学理论知识与技能的检验，也是对已有知识能力的拓展与提升，同时，还将在不同程度上促进学生的道德情操、心理素质、情感意志等方面的发展，体现出思想政治理论课实践教学的综合性特征。

二、思政课“5+1”主题实践教学的理论基础

（一）马克思主义的认识论

实践是马克思主义认识论首要的基本观点。在人类认识史上，马克思第一次把科学的实践观引入认识论，认为实践是认识的基础、认识的来源、认识发展的动力、认识的目的和检验认识真理性的唯一标准。马克思

还把辩证法应用于认识论，强调人的认识是一个不断深化的能动的辩证发展过程。认识辩证法表现在认识和实践的关系上，认识来自实践，又反过来指导实践，为实践服务。表现在认识过程中，人对世界的认识不是一次完成的，而是一个多次、反复、无限深化的过程。

马克思主义认识论为高校思想政治理论实践教学模式的构建提供了直接的理论依据。

1. 实践是认识的基础和来源

实践在大学生形成正确世界观、人生观、价值观过程中具有重要作用。高校思想政治理论课（以下简称思政课）是对大学生进行思想政治教育的主阵地和主渠道，讲好思政课必须从实际生活入手，利用学生身边熟悉的事例，讲解抽象的理论内容，从而引发学生对理论的情感认同和深刻思考。这也说明了高校思政课要具有亲和力和感染力，必须进行教学方法的改革，运用学生易于接受的教学方法，以学生喜闻乐见的语言和形式把思想政治理论与学生的学习、生活紧密联系，使学生真正地有所认识、有所触动，甚至有所改变，这是讲好思政课必须突破的难题。

2. 实践是认识发展的动力和目的，也是检验真理的唯一标准

马克思主义的认识论强调了理论和实践相结合的重要性，只有在理论与实践相结合的过程中理论才能够得到升华，实践才能够准确有效。毫无实践“空”讲理论只会使学生逃离课堂。通过实施主题鲜明的实践活动，使学生在实践中体悟理论的魅力，通过实践促使学生将理论知识真正形成内化认知和情感认同，并在实践过程中不断地更新和发展认知，真正提升高校思政课的实际效果。

思政课“5+1”主题实践教学模式突破了传统思政课孤立的课程实践和暑期社会实践分离的模式，将思政课实践教学作为一个整体教学系统设计实践方案，即以 5 门思政课“理论课堂”为依托，在理论课堂之外同步

建立5个“实践课堂”，“实践课堂”紧随每学期开设的“理论课堂”之后开设，教师根据理论教学内容和重点、难点、热点问题设计实践主题，组织实施主题实践活动。同时，利用假期开设1门为期2周的思政课社会实践。该模式坚持“理论课堂”与“实践课堂”并重，多元互动的理论课堂与丰富多彩的实践课堂相互补充、相互促进，从而激发学生主体对理论学习的积极性，增强了思政课理论的说服力和感染力。

（二）思想政治教育规律

2016年12月，习近平总书记在全国高校思想政治工作会议上指出：“做好高校思想政治工作，要因事而化、因时而进、因势而新。要遵循思想政治工作规律，遵循教书育人规律，遵循学生成长规律，不断提高工作能力和水平。”这为高校思政课教学改革指明了方向，明确了思路。思想政治教育规律包括以下几方面的内容：

1. 双主体互动规律

双主体互动规律即思想政治教育过程是教育者和受教育者相互影响、相互作用的双向活动过程。教育者既是思想品德要求的表达者，是思想政治教育过程的组织者，也是受教育者自我教育积极性的激发者，因而在思想政治教育过程中发挥着主导作用。同时，受教育者在教育过程中是能动地践行思想品德规范并影响教育者及其教育活动的主体，又是自我教育的主体。

在思想政治教育过程中，教育者的主导作用和受教育者的主体作用是辩证统一的。一方面，教育者的主导作用的实现，离不开受教育者的主体作用的发挥。没有受教育者的主体作用，教育者所传导的教育要求就不可能为受教育者所真正认识和接受，教育目标就难以实现。另一方面，受教育者的主体作用的体现，也离不开教育者的主导作用的发挥。没有教育者的主导作用，没有教育者对受教育者思想品德的激发和引导，受教育者的主体作用就不能得到充分的体现，也就无所谓思想政治教育过程。可见，在思想政治教育过程中，教育者的主导作用和受教育者的能动作用相辅相成、相得益彰。

2. 教育育人规律

教育育人规律主要是指学校教书和育人之间的内在统一关系。这个内在辩证关系表现在三个方面：教书是手段，育人是目的，教书归根结底是为了育人；育人是通过教书实现的，应该寓育人于教书之中；教书和育人密不可分，是同一过程的两个方面，教书中有育人的成分，育人中有教书的部分。高校思政课经过多年建设与发展，已成为高等学校贯彻教书育人原则的重要媒介。思想政治理论课偏重于立德树人，它与高校的各专业课程是相辅相成、互相补充的，同时又起着思想引导、理论武装、信念启迪、人生指引、精神鼓舞的作用，是其他专业课的功能所无法替代的。

3. 内化外化规律

内化外化规律即内化与外化辩证统一规律。从思想政治教育发展的阶段来看，思想政治教育过程实际是教育者有目的、有计划、有组织地帮助和引导受教育者实现内化和外化，使受教育者形成一定社会所期望的思想品德的过程。内化就是教育者帮助和引导受教育者将一定社会的思想品德要求转化为自己的思想品德认识的过程。外化就是教育者帮助和引导受教育者将自己已经形成的思想品德认识转化为自己的思想品德行为，并养成良好的思想品德行为习惯的过程。

在思想政治教育过程中，内化和外化是辩证统一的。一方面，两者相互联系：内化是外化的前提和基础，没有内化，也就没有外化；外化是内化的目的和归宿，没有外化，内化也就失去了存在的意义。另一方面，两者又相互渗透：内化中有外化，认识离不开实践，受教育者新的思想品德认识、情感、信念、意志形成和巩固的过程，也就是受教育者践行新的思想品德规范的过程；外化中也有内化，行为实践受认识、情感的指导和支配，受教育者的思想品德行为表现是其思想品德认识、情感、信念和意志综合作用的结果。

4. 学生成长规律

大学生的成长过程具有阶段发展、时代发展、个性发展、矛盾发展四大规律。以阶段发展规律为例，大学对各年级学生的要求都不一样，从大学低年级到高年级，是一个从个性化向社会化转变的过程，是一个探索真理和探索人生不断结合的过程，是一个对未来目标从模糊到逐渐清晰的过程，是一个社会责任感从初步建立到不断强化的过程。以个性发展规律为例，当代大学生个性心理面貌出现三大转变，即从闭锁转向开放，从依赖转向独立，从关心书本转向关心社会。从矛盾发展规律来说，大学生随着年龄的增长和知识经验的积累，面临的就业压力、恋爱问题、未来发展的矛盾与困惑也在不断积累，这就要求高校的思想政治教育要以人为本，以缓冲学生的心理压力为职责，以学生的未来发展为着眼点，以尽可能帮助学生解决各种实际问题为依托，提高高校思想政治工作的实效性。

在思政课“5+1”主题实践教学模式中，教师以理论教学推动实践教学，以实践体悟深化学生对理论的理解，最终使学生对所学理论能够内化于心、外化于行，实现知行合一。应该说，“5+1”主题实践教学模式既体现了高校思政课功能上的客观要求，又合乎思想政治教育规律。

三、思政课“5+1”主题实践教学模式的实践价值

思政课教学的有效性通常体现在学生通过理论学习达到对科学理论的认知、认同与自觉践行，这就决定了思政课教学方法的改革应当综合考量思政课在知识、情感、信仰、能力等层面的目标，应该贯穿学生整个学习期间，范围应当涵盖课堂、校园与社会三个空间，思政课“5+1”主题实

践教学模式满足了这些教学要素。

首先，在思政课实践教学的知识目标上，“5+1”主题实践教学模式强调实践教学是理论教学的延伸与扩展。教师要依据理论教学内容和重点难点，围绕学生面临的社会转型、网络舆情等现实问题和求知、求友、求职、求成等成长困惑，设计实践主题，有效避免实践教学与理论教学内容的脱节。

其次，在思政课实践教学的情感目标上，“5+1”主题实践教学模式强调以多样化的教学方法激活学生的情感认同。情感是态度在生理上一种较复杂而又稳定的生理评价和体验。情感包括道德感和价值感两个方面，具体表现为爱情、幸福、仇恨、厌恶、美感等。大学生对科学理论的情感认同是大学生对科学理论价值认同的前提和基础。情感认同一旦产生，大学生就会身体力行地积极寻找科学理论的意义，理解科学理论的价值，并付诸行动。

再次，在思政课实践教学的能力目标上，“5+1”主题实践教学模式强调以学生自主性探索新的实践活动，培养大学生创新意识与实践能力。学生的创新精神、实践能力不是天生的，而是在丰富多彩的自主活动中培养出来的，思政课实践教学通过主题实践活动有效提高了大学生的口语表达、学习思考、辩证分析、人际交往、团队合作等能力，提高了大学生参与社会实践的主动性和自发性。

最后，在思政课实践教学的信仰目标上，“5+1”主题实践教学模式注重在理论教学和实践教学的互动中增强大学生的责任感和使命感。思政课要让学生真心喜爱终身受益，必须拓展学生的理论视野，提升学生的理论分析能力，要求学生能够正确运用马克思主义的立场、观点与方法来分析历史问题和现实问题。正如习近平总书记在全国高校思想工作会议上所指出的：“要教育引导学生正确认识世界和中国发展大势，从我们党探索中国特色社会主义历史发展和伟大实践中，认识和把握人类社会发展的历史必然性，认识和把握中国特色社会主义的历史必然性，不断树立为共产主义远大理想和中国特色社会主义共同理想而奋斗的信念和信心；正确认识中国特色和国际比较，全面客观认识当代中国、看待外部世界；正确认识时代责任和历史使命，用中国梦激扬青春梦，为学生点亮理想的灯、照亮前行的路，激励学生自觉把个人的理想追求融入国家和民族的事业中，勇做走在时代前列的奋进者、开拓者；正确认识远大抱负和脚踏实地，珍惜韶华、脚踏实地，把远大抱负落实到实际行动中，让勤奋学习成为青春飞扬的动力，让增长本领成为青春搏击的能量。”思政课“5+1”主题实践教学模式为大学生提供了直面社会和生活的机会，使学生在实践活动中锻炼了能力，增强了社会责任感和个体使命感，充分实现了思政课知识传输、信仰培育、能力提升的有机统一。由此可见，思政课“5+1”主题实践教学模式有效实现了思政课的价值目标，体现了高校应用型人才培养模式改革的要求。

【参考文献】

[1] 新华社．中共中央 国务院印发《关于加强和改进新形势下高校思想政治工作的意见》[EB/OL].[2017-02-27].http：//www.xinhuanet.com/2017-02/27/c_1120538762.htm.

[2] 中央编译局．马克思恩格斯选集（第 1 卷）[M]. 2 版．北京：人民出版社．1995．

[3] 中共中央马克思恩格斯列宁斯大林著作编译局．马克思恩格斯文集（第 1 卷）[M]. 北京：人民出版社，2009.

[4]《马克思主义基本原理概论》编写组．马克思主义基本原理概论 [M]. 北京：高等教育出版社，2015.

创新基础课课堂教学手段，提升思政课教学效能

——占领意识形态主阵地，架起大学生知、行之桥

解占彩[1] 宋寒凝[2]

思想道德修养与法律基础课（以下简称基础课），作为高校思想政治教育工作的主阵地和最重要、最直接的面对面的教育手段和教育场域，对于培养德才兼备的中国梦的践行者和社会主义事业的建设者及接班人具有十分重要的作用，有利于立德树人、弘扬社会主义核心价值观。如何创新利用基础课课堂教学科学地占领高校思政这一意识形态的主阵地，最大限度地提升基础课教学的实际效能，架起教学内容与大学生的切身体悟之桥梁，一直是从事思想政治教育工作，尤其是从事“两课”教学的教师不断探究的课题。由于当今社会被多元化、“微”型化、快餐化等多维度的因素影响，以及“95后”大学生对“政治说教”的抵触，使“两课”尤其是基础课，既不能提起学生们的兴趣，也不像外语等其他公共课那样看起来“实用”，这就为基础课的课堂教学以及教学实际效果的落地带来了困难和

挑战，因此，基础课教学必须从内容到方法实施全面改革。多年来，我在基础课一线的教学实践中，密切关注不同年代大学生的思想脉动，就教学艺术、教学手段，以及教学方法进行了一点探索性尝试，并取得了较好的效果。其中的一个重要手段就是把演讲艺术运用到课堂教学中。充分挖掘和利用课堂教学这一方小天地，通过灵动、青春、活跃的课堂演讲进行互动实践，让学生知、动学生情、使学生思、促学生行，使理论知识入其心、入其脑。在此，我以自己的浅陋体悟求教于同行。

一、烧旺头把火，获得尊重与信服

基础课大多在新生中开设。由于高中时期受家长、老师、社会等因素的影响，“95 后”的大学新生对高学历和高职称的教师有着某种程度的崇拜，在他们的评教中，往往对这些教师青睐有加，给予较高评价。因此，我在第一次课上作了这样的自我介绍：

各位朋友，大家好！站在你们面前的是一位最伟大的老师之一。我们知道，在中国几千年的思想史上，影响最为深远的是儒家思想，而儒家最重要的一个思想主轴是“修身、齐家、治国、平天下”。我们现在的这门课程叫思想道德修养与法律基础，即“修身学”；老师教授的专业课是婚姻家庭法与继承法学，即“齐家学”；不才还是河北科技大学的品牌课程“热点问题半月谈”主持人之一，也就是说，每隔一周解某都将为朋友们“评论天下”。虽然柔弱如我，但“修身、齐家、平（评）天下”一身全担，因此，本人乃教师队伍中最伟大的老师之一。

在这里我把演讲艺术中的有声语言技巧充分发挥，语速先慢后快，语调激情飞扬，自信满满、一气呵成，赢得了雷鸣般的掌声。

教师的自信带给学生的是对教师的敬仰和好奇。自我介绍把学生“镇住”后，在首因效应的作用下，就比较容易让他们接受教师的一些理念和观点，从而为取得较好的教学效果打下基础。

二、设计好每次课的开头和结尾

历经了高中的学业水平测试和文理分科的“95后”大学新生中，大部分的文科类学生，对基础课的内容虽然一知半解，但也提不起多少兴趣；而理工科学生则更是对基础课存在深深的误解，甚至认为大学的“政治”课毫无意义。我所在的以理工为主的高校，基于就业压力等社会因素，许多学生把主要兴趣和精力放在其专业课上，对基础课不重视甚至是鄙视和不屑（有个别理工科的老师也持类似观点）。在“如果可能你认为是否有必要开设基础课”的课堂现场调查中，居然有超过一半的学生表示没必要，而选择不希望教师照本宣科讲课的学生比例更是高达100%。在与学生课下接触中，发现学生对这一课程存在误解：官话套话、空洞说教、枯燥乏味、呆板晦涩、无关痛痒、脱离实际、毫无用处；对课程的学习也只是课上画画线、考前背背题、及格万岁；对任课教师则一概描述为“严肃的政治家”“马列主义老太太”“言不由衷、表里不一的说教者”等。这样的思维定势得不到改变，基础课就不会有好的效果。

基于以上认识，为改变他们的思维定势，力争把每次授课变成一次有声有色、生动活泼、有理有据、有的放矢的演讲课，在激情和动情的感染下、在潜移默化中消除学生对基础课的误会，以理服人，使学生感受到基础课原来也很有趣味、很有实际意义。因为演讲的艺术特点之一就是具有极强的感召力和亲和力，且能通过“无声语言”的信息交流很快地捕捉并触动学生的心。我们知道，一次循循善诱的说理与激情飞扬的演讲，要比一次常规性的学术报告式的授课所产生的教学效果好得多。比如在本课程的引言部分，在课件的首页缓慢升起一个大大的“人”字，同时一字一顿地说道：“一撇一捺写个人，一生一世学做人；人字好写又好认，但做人难，做一个有道德的人更难，教你做一个堂堂正正、大写的人难上加难。大家拿着《思想道德修养与法律基础》课本一脸茫然地问我这门课是干什么的，有什么用？我告诉你，这门课程就是教你怎么做人的！教你做一个好人，做一个守规矩、明事理、有教养、有内涵的人。”回报我这开场白的是新奇、感佩、会晤、掌声……在以后的每次授课前，我还引进主持、相声、评书等多种艺术形式，精心设计开场白，通过送一支励志之歌，播放一段公益广告视频，吟诵与教学内容相关的诗词歌赋、小故事、小笑话等方式集中所有学生注意力，开好每次课的头，因为好的开始就是成功的一半。

俗语讲“编篮编篓，重在收口”。为此在每次下课时，我会有意根据下次课的内容设计一个悬念，如故事的结局会怎样？这个问题老师会怎样评判？这几句俚语老师要引出什么人生哲理等，为下次课打下伏笔。每次课的开头有引力，结尾有期待。让学生在回味和期待（学生评教时语）中接受教育，教学效果自然是不言而喻的。

三、换位思考，以情感人

俗话说，事怕颠倒理怕反，理解万岁。对于“95 后”的新一代大学生，他们聪明、独立、有个性，应该给予他们必要的尊重和理解，这是让思想政治教育走入他们内心的极为有效的路径。要说服教育人，就得先尊重人；要尊重人，就得先了解人；要了解人，就得先与人交朋友。与学生交友要有热心、有诚心、有爱心，对学生教育要用感情、用激情、用真情。

在课堂上，我会经常设计一些小问题、小意境、小幽默，进行一些小实践、小活动，让学生参与其中，进行自我教育和自我管理。如请学生作一下简单的自我介绍；用一段话概括一下自己家乡的特点；列举最欣赏和最不能容忍的身边异性大学生的日常行为；谈一谈假如自己是基础课教师会怎么做等。通过这些互动可以了解学生的表达能力、个人基本情况和心理状态，以及他们对本课程的要求和理解，进而为以后有的放矢地进行课堂教育互动打下基础。

对于经过高考迈入大学校门的“95后”大学生来说，过往的目标已经基本实现，然而新的目标尚未确立，犹如百米冲刺，到了终点后突然失去了方向。此时的他们缺乏动力，恋家（思乡）、怀旧、失落、空虚等情绪扑面而来。他们此刻迫切需要的是一个循循善诱、平和务实、人情味浓郁的基础课教师，帮助他们调整心情，尽快适应环境和身份的转换，而绝不是一个一本正经、高高在上的“马列主义老太太”。基于此，我在第一堂课中做完自我介绍，继续说道：“经过十几年的寒窗苦读，走过忐忑的六月，熬过度日如年的七、八月，在这金风送爽的九月，你们带着浓浓的乡音，带着几分好奇、几分生疏、几分审慎，带着老师的教诲、亲友的牵挂，抑或乡邻的重托，来到这个环境新、生活新的大学。或许你的家境并不富裕，你的父母正脸朝黄土背朝天地为你的求学而辛勤劳作。是农村娃，你带着独有的朴实和真诚，是城市人，你有着自己独有的睿智。我，一个早你们毕业的大学生，一个过来人，仿佛又看到了当年的我。对于你们曾经的拼搏和付出，对于你们现时的心境，我有着深深的体悟！请允许我由衷地道一声，难为你们了。朋友们，辛苦了！”讲到这里，同学们用热烈的掌声打断了我的讲课，有的同学眼含泪花，有的同学还起立鼓掌。从他们的掌声和眼神中，我感受到了理解和尊重的作用，感受到了学生们发自内心的感佩和信赖。课间休息时，学生们纷纷围拢来向我诉说心曲，索要各种联络方式，我俨然成了他们的知心大姐姐和朋友，这也使我能够更进一步了解学生的内心世界，使教学更能贴近学生的思想实际，教学效果必然事半功倍。

在教学中，我会经常把自己当作学生中的一员，用一起探讨、共同研究的态度陈述自己观点，同他们摆事实、讲道理、看发展，不把自己的观点强加于人。如有的同学因专业不对口、学校不理想而提不起学习兴趣。我首先让学生理智地审视一下对专业不满的原因，是受社会价值导向和他人的影响，是先入为主形成的思维定势，还是自我冷静思考后的选择，抑或是对本专业的一知半解。而后现身说法：甲说，我从小爱好文学，阴差阳错学了工科；乙讲，我想成为航天专家，鬼使神差学了隧道与地下工程，原为向上登天，如今却是入地钻山；丙道，我志在摘取数学桂冠，再造一个华罗庚，不承想却伴随了无影灯。“爱一行，干一行”顺理成章，为何老天偏要我“干一行，爱一行”，我岂能心安？朋友们，人生不如意十之八九，切不可庸人自扰，对原观念守缺抱残，不切实际的幻象无法把现实改变，试看一代文豪鲁迅东渡扶桑，为国为民弃医从文；一代地质学家李四光三易专业，最后从事地质勘探，他们是克服失落感的典范。站在你们面前的这位老师，原想成为一名为民请命的大法官，惩恶扬善的当代“包青天”，命运却让我上了师范，在这三尺讲坛执起了教鞭。三尺讲坛就是我的天，虽然不一定尽善尽美，但一定尽心尽责，并准备一直做到“退休”的那一天。既有大人物的成功事例，又有身边教师的平等的情感交流和以身示范，没有空洞的说教，回报教师的自然是会心的笑声、掌声和理性的思考。

另外，在使用教学语言时，用“年轻的朋友们”“孩子们”代替“同学们”，用“大家认为是否这个理儿”“我想听听朋友们的看法”等这样的语言调动学生的积极性、参与率，换位思考，以情感人，能够收到较好的教学效果。著名德育专家李燕杰曾说“青年是我师，我是青年友”，我正是这种理念的教学践行者。

四、联系实际，以理服人

在多元的社会转型时代，面对一群思维活跃、眼界开阔、感情充沛、个性张扬的“95后”，呆板、教条、空洞的说教是他们最不能接受和容忍的，为此，我常常从学生中间或者身边撷取一些事例，用鲜活的事实说明道理。比如让学生计算一下每堂课大约折合人民币多少钱，是父母工作多长时间换来的，希望大家珍惜父母的付出，珍惜可遇而难求的人生机遇。再如，一次课上教师声情并茂地给学生宣读了这样一个小故事——“那一课叫敬业”(1)：

仅剩10多天时间，已经拿到毕业证等待毕业典礼及准备挥手作别大学，对大部分即将走入社会的大学毕业生来说，几乎可以笃定的就是学生身份的最后几天的时日里。本来因离别、留恋和不舍等心情复杂抑或有些“不爽”的准大学毕业生们，此时此刻却被自己的辅导员通知：《训诂课》老教授要给选修这门课的同学补一次教授因病住院落下的选修课。

同学们都认为，这个教授也太各色了吧——都什么时候了？还补课？补的还是选修课。结果是30名选修《训诂课》的学生中，只有3个女生“鬼使神差”地去了那个机缘巧合的补课教室——她们是忘了补课的这回事，实际压根儿也没想着补课一事，原本就是打算找个安静的教室去聊聊天、话话别的，只是巧合进了选择的教室。

老教授不知就里按时去到那个教室上课了，走进教室后看到只有3个女同学，不由得有些讶异。俯身问明原因后，一如既往地、非常投入地，甚至有些忘情地讲述着自己呕心沥血准备的内容。这3个因为忘记补课

(1) 崔修建．那一课叫敬业[M]// 崔修建．把爱放在心上．济南：济南出版社，2005.

之事又不好意思走掉的女生开始还心不在焉地有一搭无一搭地坐着，根本无心听讲；但是后来被老教授工整的板书、投入而有些忘情地耐心讲解——被老教授的职业操守，不！是职业道德、职业良心和职业精神深深地“雷”到了！不约而同地坐直了身子开始听课——否则就不单单是不明事理的问题了——简直就是对教授人格甚至是教授职业操守的亵渎了。

那3个在校时表现非常一般的女同学，在毕业10年后的同学聚会上，成为那届同学羡慕和赞叹、钦敬的佼佼者。聚会上，她们异口同声地感叹、忆起了在大学里“补”上的那最后一次“选修课”。她们甚至已经忘记了老教授讲课的具体内容，但老教授抱病面对学生时自然而然地所表现出来的职业道德和职业良心及彰显的职业精神——老教授用“身教”诠释了“敬业”“认真”等似乎往常被人不屑抑或是嗤之以鼻的所谓“空洞无用”的“大道理”，似乎在那一课上（那一刻）让她们有了“切肤之感”和“铭感五内”而因此影响了她们对事业、对他人、对社会、对人生的态度和行为方式。

通过演讲已经把学生代入情景之中，给学生留出思考的空间和时间，不急于作评论。静默片刻，预计情绪酝酿到了老师的预期，再缓缓地、一字一顿地说道：“是的，那刻骨铭心的一课就叫敬业。试想，多年后，有件让你记忆深刻的事情，这件事肯定是让你铭感五内的。这件事对你的影响也可想而知。10年了，你忘记了课的内容也忘记了老师的名姓，但老教授抱病对待工作、对待学生的职业道德和职业良心及彰显的职业精神，对你的人生、你的工作态度、生活模式等的影响是刻骨铭心的，是终身的。”把演讲的艺术实践方式恰当地运用到课堂实践教学中，收到的良好教学效果不难预见。

这种事例在我的授课中还有很多，既有文字的也有音频、视频的，可说是信手拈来又贴切实际，平和朴实，通俗深刻，让人回味，引人思索，撼人思想，动人心灵！这些当然是基于一个教师的“心”——高度的职业操守和职业良心的长期积累。无论是来自于大学生自身的事例（同龄人的事迹和境遇最具说服力和感染力），还是教师本身的所作所为都能让学生更好地理解教学内容。一个教师用“心”对待工作、对待学生，既是“打铁还要自身硬”，又是“身教重于言传”的最好诠释，相信学生会点滴记在心头。

五、师生互动，增加实践

通过创新教学手段，运用教学艺术，使大学生愿意听老师说，也更加信服教师，这样首先达到使学生“知”的目标。当然，如果连这一步都走不实、走不好，接下来的“行”根本就是缘木求鱼了。因此，在“让其知”的目标达成之后，可以顺理成章地“让其行”——通过课堂实践和课外实践进一步让教学内容落地生根，化为学生的日常学习和生活中的行为选择与行为方式。

俗语说得好，纸上得来终觉浅，绝知此事要躬行。科任老师再激情飞扬、唾沫横飞、苦口婆心，学生如果只是“吃瓜”或“打酱油”，与我们课程的初心也是相悖的。因此，不仅让其“知”，最终还要落到使其“行”上。

众所周知，我们处在一个前所未有的社会多元化、复杂化的历史转型期。因此，基于众所周知的各种因素的综合叠加，要提高和增强基础课的教学实际效果，需要我们在大学基础课的课堂教学中，打破教师“一言堂”的局限，尤其杜绝“照本宣科”或照 PPT 宣读。要切实增加课内学生实践和自我教育、自我体悟的环节，改变“两张皮”的实际情形。应积极探索能最大限度地提高和增强课堂教学效果的多种路径和方法，做到使其知、让其明、促其行。为此，我尽可能在安排课堂教学时，根据课堂教学的内容，提出各种观点，让学生自己参与、自己争论、自己分辨，教师加以理性、科学的分析和引导。这就要求在综合考虑到课程、学生、教师等各因素的基础上，使基础课的课堂教学方式和手段丰富化、多样化。如举办辩论赛、演讲赛、分组讨论、每课必练、师生答记者问、街头调查采访等多种形式。对大学生关心的热点问题和思想实际问题展开讨论与探究，既能充分调动学生的积极性，也使他们对各种不同观点进行了归纳和处理，提高了思辨能力。教师还能从学生们的活动中把握他们的思想动态和一些很好的教学材料，学练结合，教学相长，一举两得。

大学生要做一个遵纪守法的公民，这是我们做人的底线和红线，但作为一个受着（受了）高等教育的大学生，还要做一个好人，做一个气质高雅，有修养、有内涵的人，这就要求大学生必须具有深厚的文化底蕴和良好的道德素质。我们要注意从我做起，“从扫一屋开始”，从一言一行做起。要注意自己的仪容仪表，语言文明，谈吐、举止得体，而这恰恰又是“95 后”大学生比较欠缺又需迫切学习的内容。如某学院学生会干部在毕业应聘时，尽管工作能力和学习成绩都很优秀，经过层层关卡走到最后，离成功只有一步之遥，但面试时该生一屁股“陷”在沙发里，并不适当地接主试人的话头，结果被认为“浮躁而不堪任用”。通过这个“成败在此一举”的案例，趁热打铁给学生进行该方面的现场正误示范，引起了学生非常踊跃地参与和演练，使他们对“腹有诗书气自华”有了“切肤”之感。

当然，基础课作为思想政治教育工作的主阵地和最重要的师生面对面的教育场所，它博大精深，涉及面广，政治性和思想性强，与实际联系密切。作为施教者本身的综合素质，如敬业精神、职业道德、教学艺术、文化底蕴、言谈举止等对学生的潜移默化的影响不言自明。因此教师既要博览群书，积累丰富的知识和素材，加强方方面面能力的修养，提高为师的素质和水准，又要关注国内外各种媒介、各个领域、各个方面的最新动态，了解并理解授课对象的思想心态和感情行为方式，因材、因人、因境遇施教，寓教于乐、寓教于理、寓教于情、寓教于行、寓教于引，只有这样才能使教学既有理论深度又切中学生脉搏，既能海阔天空，又能“游必有方”且游刃有余；既能教书，又能育人，让学生心服口服，甚至成为学生心中追逐的“教星”，从而收到良好的教学效果。

作者：1. 河北科技大学马克思主义学院 解占彩

2. 对外经济贸易大学统计学院 宋寒凝

实践教学与大学生的正确价值观的培养

王　帆

社会实践是当代大学生价值观培养与性格塑造的良好方式。青年人是祖国的未来和希望，青年的健康成长是事关国计民生的大事。当今，中国青年正成长为很有希望的新锐一代，但是享乐主义、拜金主义、极端个人主义等没落思想导致追求享乐等不良风气在大学校园泛滥成灾，造成大学生价值取向扭曲、理想信仰弱化、成才机遇丧失、家庭观念淡薄等一系列现象。教育者应适时调整教育内容和方式，教育大学生能够自觉抵制和化解腐朽价值观，这既有利于大学生的健康成长，更有助于高校思想政治教育方针的深入贯彻。

一、大学生实践教学对价值观培养的重要意义

大学生参加社会实践有积极意义，有利于锻炼学生的实干能力，提高学生的综合素质。大学生社会实践为学生们更多接触、了解他人和社会提供了良好的平台。学生通过实践开阔了视野，增强了人际交往、互动的能

力，从实践中学习新知识，一方面开发自身潜在的能力，另一方面弥补自己的不足。大学生的综合能力需要在社会交往和适应社会的过程中培养。只有在与他人和社会的交流中，大学生才能明确自己的奋斗方向，努力把自己打造成为社会所需人才。

大学生价值观对于大学生人生道路有着至关重要的作用。社会实践是对当代大学生价值观培养与性格塑造的良好方式。大学生的思想自由度、丰富性相当大，独立思考能力与自我判断能力都较高，他们的价值观主要是在这个时期形成。大学生在社会实践中主动积极地创造利于自身发展的思想方法。文化思想的多元并举和社会的不良风气对学生的负面作用，会影响大学生的判断力。社会实践从不同方面检验了学生的价值观，对学生价值观的形成、修复有积极的促进作用。大学生适应社会的过程对学生的心理素质提出新的要求。实践使学生发现自己的性格、行为特点与社会标准的差距，为他们不断完善自己找到方向。

社会实践对大学生认识人生意义、培养人生价值观大有裨益。社会主义核心价值体系要求我们在实践中以马克思主义为指导，弘扬民族优秀文化。社会实践是培养优良精神品质的平台。

青年人是祖国的未来和希望，他们的健康成长是事关国计民生的大事。当今，中国青年呈现出朝气蓬勃、积极向上的精神面貌，是很有希望的新锐一代，但由于大学校园不是“真空”环境，必然也会受到社会不良因素的影响，难免使大学生价值观和生活方式出现一些负面因子。享乐主义、拜金主义、极端个人主义思想导致不良风气在大学校园泛滥成灾，具体表现在一些大学生贪于享受、追求消费潮流化、自我主义突出、贪图安逸等，从而造成了大学生价值取向扭曲、理想信仰弱化、成才机遇丧失、家庭观念淡薄等一系列现象，严重影响大学生的健康成长，负面效应非常突出。在此，就大学生成长教育提出一些想法和意见，希望成为引玉之砖。

二、大学生应自觉抵制享乐主义

享乐主义以追求感官享乐作为人生价值目标。大学生受享乐主义的腐蚀，会扭曲自身积极向上的作风，形成带有及时行乐特点的思想观念，表现出与社会主流生活格格不入的行为方式。造成大学校园享乐主义泛滥的原因主要是西方不良文化的持续渗透、国内低质媒介的不当宣传、教育界人文教育的相对缺失，以及社会、家庭教育的疏于引导所导致的大学生发展规划的坎陷。

大学生经历了紧张的高中生活后，在大学相对宽松的环境中适当放松自己，这是必要的调节，可以使学习、工作效率提高，但是过度的玩乐，那是对自己的不负责任。一些大学生沉迷于网络游戏，这会消磨大学生的意志力和体能。少年强则国强，少年弱则国弱。一个社会的繁荣发展，要依靠年轻一代勤劳朴实、奋力拼搏才得以实现。而大学生作为我们时代的知识者，不应该沉迷于打游戏、恋爱、吃大餐等玩物丧志之事，而是要把握大好的学习机会，增强自身综合素质，为以后的工作打下良好的基础，为全社会利益做出贡献。大学不是青年人人生的终点，大学生不应在享乐中迷失自我，以前的努力是为了登上大学这个更高的平台。如果青年人在大学生活中沉湎享乐，也违背了自己的初衷。作为一名大学生，应当目光长远，着眼于将来，而不是得过且过、浑浑噩噩。大学生应分清艰苦奋斗与适度调节的主次关系，努力提升知识文化水准，培养创新能力，给自己创造一个可期待的未来。即使家里有钱的学生，也不能因此追求享乐。大学生已年满 18 岁，有自我承担的责任。那些沉迷享乐的人在大学学到了什么呢？只是声色犬马一类不着调的、玩物丧志的东西。享乐主义易使大学生精神颓废，面对艰难时采取逃避的方式，安于虚幻而不敢直面困难。享乐主义使人们夸大地追求物质上和肉体上的享受，容易使人们陷入意志消沉、丧失进取精神的状态之中。作为一名大学生，应当树立更为理性、成熟的人生观、世界观和价值观。

享乐主义的负面影响相当深远，还会导致大学生出现性格偏执、易走极端、审美趣味低级庸俗的后果，甚至会导致大学生为了金钱和享乐而出卖自己的抱负和理想，最终走向堕落。

享乐主义以追求感官享乐作为人生价值目标，是低俗文化的源头。文化上的享乐主义将满足感官快乐作为文化的第一功能，即生产和消费指向刺激消费者的视觉和听觉神经，以激起消费者兴奋、冲动、惊恐等反应，从而得到梦幻、宣泄性的满足，用美国学者丹尼尔•贝尔的话来说就是“即兴冲动、同步反应和本能共鸣”[(1)]，失去了对秩序和意义的追求。享乐主义文化产品的特征是形象至上，经过现代传播手段的大批量复制，如广播、影院、电视、网络的推销，像乱花飞絮一样游荡在人们生活中，让人在暴力、仇恨、贪婪、犯罪、死亡等梦幻中达到精神鸦片所产生的境界。一段时间后，这些产品就会因失去刺激效果而过时，成为消费后的垃圾而被废弃。文化工业会再制造新的刺激来满足消费者的欲求，于是又形成新一波消费潮流。

方志敏牺牲前写下了《清贫》这篇反映革命者品格的文章：“清贫，洁白朴素的生活，正是我们革命者能够战胜许多困难的地方！”[(2)]2016年4月26日习近平总书记考察中国科技大学，指出：“幸福不是从天降，中国人民取得的成就是很了不起的，不要妄自菲薄，同时要自强不息。年轻人在学校要心无旁骛，学成文武艺，报效祖国和人民，报效中华民族。同学们好好学吧！”勤奋严谨是大学生成才的必要条件，值得每个大学生奉行终生。

---

(1)丹尼尔•贝尔．资本主义文化矛盾 [M]. 严蓓雯，译．南京：江苏人民出版社，2007：95.

(2)方志敏．方志敏文集 [M]. 南昌：江西人民出版社，1999：52.

大学具有教育功能，具有以社会道德对大学生价值观进行干预，并使其向良性方向发展的可行性。使大学生自觉抵制和克服享乐主义影响，关键在教育，要充实教育内容、改进教育方法，达到育人的目的，还要做到理论联系实际，要坚持面向全体学生，以学生为本，要树立长期解决问题的信心。调整思政教育内容和载体，优化大学教育环境，完善家庭助力方式，打造勤俭家庭教育环境，有效提升大学生综合素质。教育工作者应当适应教育环境的变化，把握大学生发展的可塑阶段，提出既符合社会发展大势，又结合高等教育实际的方案。这是一项综合性的系统工程，在充分考量大学生全面发展的基础上，让全体大学生在教育中受益，坚持把立德树人作为首务，崇尚勤俭奋斗，把新一代大学生培养成为社会重要的支撑力量。

三、大学生应当排除拜金主义影响

拜金主义是一种金钱至上的思想价值体系，认为金钱不仅是最强大的社会力量，而且也是衡量一切行为价值的标准，一切价值都要服从于金钱的价值。拜金主义观念推崇金钱万能。拜金主义价值观起源于资本主义，鼓励人类追求物质利益的思想主张。拜金主义在大学校园也较流行，这些拜金现象有各种表现形式，如有些女生找对象要找“金龟婿”，谈恋爱要男生“家里有钱”，将感情婚姻作为换取物质生活条件的筹码。可见当代的大学校园，大学生拜金主义十分严重。不少大学生把钱当作衡量一切的最高标准，不少大学生的拜金主义表现为追求时尚、品牌，互相攀比成风；传统的以情义为重的同学之交，变成了向有利可图的方向倾斜；不少大学生考量就业时，过分注重就业的经济待遇，不考虑是否有利于专业知识的发挥及是否有利于国家社会发展。针对当代大学生中出现的拜金主义现象，有人在福建师范大学在校大学生中就“大学生对拜金主义的认知与影响”课题进行了问卷调查，结果表明：70% 的同学存在着程度不等的虚荣、攀比心理，以时尚为荣；54.3% 的同学认为西方以个人为本位的核心价值潜移默化之中助长了自私观念，导致拜金主义的蔓延；还有 30% 的人认为家长追求物质享受、好吃懒做，以钱权为人生主要目标，冲击和扭曲了青少年的心理。由此可见，传媒的正确引导，家长的言传身教，对于当代大学生树立正确的价值观至关重要。对于拜金主义对大学生的危害，福建师大学生做的调查结果是：99% 的学生都认为拜金主义对大学生的危害相当严重，只有个别人认为有利。大多数人都认为拜金主义不择手段、一味追求金钱导致道德沦落，破坏社会秩序和风气。在物欲横流的社会中，人们对金钱过度追求，金钱万能的思想成了一些人的信仰。拜金主义对大学生主要有以下几点影响：学习目标庸俗化，什么赚钱学什么；职业选择现实化，工作要轻松，工资要高；人际关系功利化，社交对象以钱权为准；物质生活享乐化，以艰苦奋斗为耻；理想追逐物欲化。

拜金主义尽管是资本主义社会的主流思想，但仍引起许多有识之士的批评，尤其经常被保守派人士抨击为造成现代社会道德沦丧、物欲横流的罪魁祸首。批评者认为，拜金主义夸大了金钱的作用，导致拜金主义者唯利是图，对复杂事物往往只看到表面，忽视其中的内涵，精神层面也极为空虚。

一个社会如果失去核心价值观的引导，就会导致评价体系混乱。拜金主义不仅导致了社会道德体系的缺失，而且导致了文化价值评价体系的失落。正统文学是以艺术性为导向的，但今天以营利为目的的“媚俗文学”却大行其道。如对一个作家的评价，不是根据作品艺术性，而是要看作家在富豪榜上的排名。在这样拜金的环境下，大多数作家为了生存和利益，就会放弃艺术追求，失去作家的人格吸引力，失去自我。如果一切金钱至上思想大行其道，那么整个社会就会失去凝聚力，人民就会失去精神支柱。

2013 年 12 月 5 日，习近平总书记给华中农业大学“本禹志愿服务队”回信说：“历史和现实都告诉我们，青年一代有理想、有担当，国家就有前途，民族就有希望，实现中华民族伟大复兴就有源源不断的强大力量。希望你们弘扬奉献、友爱、互助、进步的志愿精神，坚持与祖国同行、为人民奉献，以青春梦想、用实际行动为实现中国梦作出新的更大贡献。”一切向钱看的民族是没有希望的民族，唯利是图的个人必然在人生航程中迷失自我，把金钱放在人生的恰当位置是大学生、家长和教育者的理论和实践的重大课题。

四、大学生应抵制极端个人主义思想

极端个人主义是为了达到个人或者小集团的某些目的，不惜损害他人和社会利益，采取极端手段的思想和行为。大学生作为社会的希望，应始终把个人的成长进步和人生规划与社会繁荣稳定、国家富强发达联系起来。

极端个人主义对和谐社会有很强的杀伤力。极端个人主义反映在利益关系上，表现为过分计较个人得失，无利不起早；追名逐利，争功诿过。极端个人主义是一种没落的人生观，会导致精神滑坡。极端个人主义思想风行，使一些大学生想权利多，想责任少；想索取多，想贡献少；想个人小算盘多，想集体事业少。最终弱化了理想信念、淡化了服务意识，滋长了名利思想。大学生工作以后，尤其是成为有权力的领导干部后，如果以极端个人主义为宗旨来做人谋事，必然会造成社会的极大混乱和分裂。极端个人主义的表现特征是个人本位、自我中心、利己主义，为了实现个人私利，不惜损害他人和社会利益。极端个人主义落实到权力运用上，突出表现为行权不公、以权谋私，关系高于原则，以个人好恶办事。

大学生应树立起集体主义价值观念，将个人与集体融为一体。虽然集体是个人组成的，集体要尊重个人利益；但个人是社会的人，是集体的一分子，也无法与各种集体分离。西方近代思想家将集体主义与尊重个人对立起来是错误的。大学生不能机械地把集体主义看成是压抑个人作用的混合体，也不能偏执地认为发挥个人作用就会导致自私自利。尊重个人与集体主义是辩证关系。集体主义的含义是个人要服从集体，集体利益重于个人利益，集体内既人人平等，又要求人人要有大局观，服从集体。在集体组织结构方面，个人必须具有大局意识。虽然也许有一些个人会因为大局的需要而受到暂时的损失，但是个人必须服从大局，淡化眼前得失。一个集体，要想成为优质的团队，必须全面提升每个个体的素质，让所有的个体获得团队的支持，才能充分地发挥团队的作用，体现团队精神。因此，大学生应当树立这样的思想：一个优秀的团队与高素质的个体员工之间并不矛盾。对于个人来说，一个能支撑局面的人背后必然有强大的团队支持，离开了团队的帮助，个人的作用也很难发挥。缺少了团队，仅凭个人来完成工作，不仅达不到工作的高效，还会使团队涣散。当集体的共同利益受到损害时，集体主义的优势就明显地体现出来，集体主义的优点在克服困难时尤其明显。另外，集体主义是许多民族的优良传统，并非社会主义所特有。

2013 年 5 月 2 日，习近平总书记给北京大学考古文博学院 2009 级本科团支部同学回信：“中国梦是国家的梦、民族的梦，也是包括广大青年在内的每个中国人的梦。得其大者可以兼其小。只有把人生理想融入国家和民族的事业中，才能最终成就一番事业。希望你们珍惜韶华、奋发有为，勇做走在时代前面的奋进者、开拓者、奉献者，努力使自己成为祖国建设的有用之才、栋梁之材，为实现中国梦奉献智慧和力量。”集体主义精神是社会主义核心价值观与中华传统优秀文化结合而成的一种巨大的精神力量，是一个民族、国家实现共同目标和理想的思想武器。培育大学生集体主义精神，不仅对于推进社会精神文明建设有深远意义，而且对于促进和谐的经济环境建设和政治文明建设，增强文化软实力，实现中华民族的伟大复兴，都具有长远的价值。一棵树木，难挡大风吹打；百里树林，任凭狂风呼啸。只有人人心系集体，大学生的精神风貌才会光彩照人；只有人人齐心协力，民族才会屹立于万族之林。

大学生处于世界观、人生观和价值观的形成阶段，容易受到社会各种思想的影响，而我国正处于各类思潮激荡时期，因此考察当代社会思想变化，关注享乐主义等错误思想对当代大学生的影响，及时有效调整教育内容和方式，使大学生能够自觉抵制和化解腐朽价值观，这既有利于大学生的健康成长，更有助于高校思想政治教育方针的深入贯彻。

浅析实践教学对增强“概论”课程实效性的作用

刘敏华

实践教学是促进教学紧密联系实际、提高教学效果的重要形式。思想政治理论课教学同样需要加强实践教学环节，以增强其教学效果。作为高校思想政治理论课程体系的重要组成部分，“毛泽东思想和中国特色社会主义理论体系概论”（以下简称“概论”）是一门理论性强又与实际联系紧密的课程，具有内容涉及面宽、政策性强、时代性鲜明等特点。在教学中凸显实践教学环节，对于增强“概论”课教学的实效性具有重要的意义。

一、“概论”课程的特点需要凸显实践教学环节

（一）“概论”课程的属性

所谓课程的属性是指课程的学科性，即这门课区别于其他课程的本质特点。《中共中央宣传部、教育部关于进一步加强和改进高等学校思想政治理论课的意见》（教社政〔2005〕5 号 ）明确指出：“思想政治理论

教育教学所依托的学科是我国特有的一门政治性、科学性和实践性很强的学科。”作为思想政治理论课程重要组成部分的“概论”课具有政治性、科学性和实践性的属性。政治性讲的是该课程以马克思主义为指导，运用马克思主义的立场、观点和方法，来分析和阐述马克思主义中国化两大理论成果的内容，以实现培养中国特色社会主义建设者和接班人的目标。科学性讲的是该课程所讲授的内容是紧密结合中国革命、建设和改革的实际，揭示中国革命、建设、改革规律的，被实践证明了的关于在中国革命、建设、巩固、发展社会主义的正确的理论原则和经验总结。实践性讲的是该课程阐述的马克思主义中国化两大理论是对中国革命、建设和改革的实践经验总结，其来自于实践并与时俱进地指导着中国特色社会主义建设的新的实践。

课程的属性要求“概论”课教学：首先，要体现政治性，坚持马克思主义的指导地位，这是根本。其次，要体现科学性，注重教学内容讲授的科学性及教学方法和手段选择的科学性，这是核心。再次，要体现实践性，强调两大理论产生的实践依据及对当代改革开放新实践的理论指导作用，同时，注重社会实践教学和课程实践教学，这是归宿。

（二）“概论”课程的教学目标

“概论”课程是根据2005年《中共中央宣传部、教育部关于进一步加强和改进高等学校思想政治理论课的意见》及“实施方案”而设立的，是我国高校本专科学生必修的一门思想政治理论课程。开设这门课程的目的，就是通过对学生进行马克思主义中国化理论成果的形成发展过程、主要内容及其精髓的教育教学，帮助大学生理解和认同党的基本理论、路线、纲领及大政方针，坚信建设、巩固和发展中国特色社会主义的理想信念，成为推进中国特色社会主义事业的举旗人。

（三）“概论”课程的教学内容

“概论”课程教学的主要内容是对中国化的马克思主义两大理论成果——毛泽东思想和中国特色社会主义理论的形成发展进程、主要内容及精髓进行全面阐述。毛泽东思想理论成果具体阐述了毛泽东为核心的党的第一代中央领导集体把马克思主义基本原理运用到中国革命、改造和建设的实践中，从而成功实现了马克思主义中国化的探索历程，创造出新民主主义革命理论、社会主义改造理论和探索社会主义建设理论。中国特色社会主义理论成果具体阐述了改革开放以来，党的几代中央领导集体在中国建设、巩固和发展中国特色社会主义实践中提出的建设中国特色社会主义总依据、总任务、总布局、依靠力量、领导核心以及改革开放、祖国统一、外交战略理论。

由此看来，“概论”课与其他政治理论课相比，除政治性强外，其内容广泛、涉及面宽，又具有鲜明的时代性，与社会主义现代化建设的实践活动紧密相关。“概论”课程自身的特点需要其在教学中更加凸显实践教学，与其他三门思想政治理论课程相比，实践教学对“概论”课程具有特殊的重要意义。要把握“概论”课程的属性，完成教学内容，达到教学目标，体现其课程的特点，增强其实效性，都离不开实践教学，实践教学是“概论”课程教学的重要组成部分，尤其对增强其实效性具有重要作用。

二、实践教学对增强“概论”课程实效性的作用

（一）我校思政课实践教学的特点

2004 年，中共中央国务院《关于进一步加强和改进大学生思想政治教育的意见》（中发〔2004〕16 号）指出：“社会实践是大学生思想政治教育的重要环节，对于促进大学生了解社会、了解国情，增长才干、奉献社

会，锻炼毅力、培养品格，增强社会责任感具有不可替代的作用。”2005年，中宣部、教育部发布了《关于进一步加强和改进高等学校思想政治理论课的意见》（教社政〔2005〕5号）指出：“高等学校思想政治理论课所有课程都要加强实践环节。……要通过形式多样的实践教学活动，提高学生思想政治素质和观察分析社会现象的能力，深化教育教学的效果。”

为了落实中宣部、教育部的精神，我校开始实施并不断改革思政课实践教学，近些年来形成了思政课“5+1”实践教学模式，即由高校必修的5门思政课课程分别进行的课程实践教学和5门思政课课程共同进行的1项暑期社会实践教学组成的模式。课程实践教学是依托5门思政课课程，在各教研室教师授课期间进行的主题实践教学。各教研室根据本门课程的教学目标和教学重点难点，结合社会热点问题和学生思想实际来设计若干实践题目，由任课老师布置和组织学生进行，学生从中选择题目后在老师的指导下，在课下进行调研并于本课程教学结束前完成。暑期社会实践教学是由我校马克思主义学院在每年暑期对刚学完所有思政课的学生统一布置和组织的暑期社会实践，包括分散实践和集中实践。分散实践由马克思主义学院结合河北发展实际，设计发布“思想政治理论课暑期社会实践指导书”及实践选题，在思政课教师指导下，每个学生选择题目并在暑期进行调研，完成调研报告。集中实践是由马克思主义学院和校团委联合实施。由校团委以思政专项方式下发暑期社会实践通知，马克思主义学院遴选部分学生组建若干主题社会实践小分队，由思政课教师带队，在暑期深入社会进行调研。

多年来，我校思政课实施的“5+1”实践教学模式，在思政课的教学中取得了良好的效果。比如“概论”课程的实践教学在培养学生运用所学理论观察和认识社会现象，提高其正确分析问题、解决问题的能力，形成科学的世界观和价值观，进而转化为对国家现行路线、方针、政策的认知和认同等方面发挥了重要作用。"概论"课程通过一系列学生可参与的实践教学活动，使学生融入本课程的教学过程中，促进教学过程中的交流互动以及学生主动学习的积极性，进而提高了"概论"课程教学的实效性。

（二）实践教学对增强"概论"课程实效性的作用

在"概论"课程教学中实施实践教学，由于其注重凸显学生的主体地位，形式活泼多样，内容贴近学生实际和社会现实，给学生提供了更多参与、锻炼、展示的机会，因此，从理论上讲，有利于深化马克思主义的实践理论品格，更新教育教学理念，激发学生学习的积极性、主动性和创造性。从实践上讲，可以让学生在了解社会，认识国情基础上，对中国特色社会主义道路、理论、制度和文化更加自信，坚定建设、巩固和发展中国特色社会主义的理想信念，有效增强"概论"课程理论教学的实效性。

1. 实践教学贴近实际的内容为"概论"课理论教学注入了活力

马克思主义不是理论教条，而是现实世界的行动指南。马克思主义这一科学理论体系的根本特征在于其实践性。而"概论"课讲授的主要内容是我党指导当代社会主义建设伟大实践的理论，教学内容具有鲜明的实践性，与我国社会主义建设的现实密切联系。如果"概论"课教学脱离了现实，仅靠空洞的课堂说教，一味地进行理论灌输，学生没有深层次的认知和领悟，没有理论联系实际的感受，那么学生对所学内容只能是"知"，很难做到信服，也很难取得好的教学效果。大学生只有对社会现实、社会生活进行深入的了解和分析，在掌握大量丰富、生动的感性认识之后，才能更好地理解和接受"概论"课程所讲授的抽象的理论和历史的结论。实践教学内容都是围绕着当前我国改革开放的现实、社会发展的实际和学生的思想实际来设计和实施，鲜明的现实性和针对性，更能够激发学生了解理论运用现实情况的激情，使他们在实践调研中受到感染和启发。例如，课外社会调查实践作为一种寓教于"行"的实践教学形式，在社会调查选题上密切联系实际，在经济建设方面，着手于农民工问题调研、农业产业化与社会主义新农村建设典型案例调研、当地企业节能减排典型事例调研、大学生消费状况调研、大学生就业形势的调研等；在政治建设方面，着手于反腐倡廉的典型调查和案例分析、农村基层党和团组织建设情况调研、村民自治问题调研等；在文化建设方面，着手于社会转型期公民宗教信仰现状调研、家乡民俗文化调研、农民文化生活状况调研、公民社会主义核心价值观教育调研、"微信朋友圈"对青少年影响状况调研等；在生态与社会建设方面，着手于资源节约环境友好型社会发展调研、公民生态安全意识状况调研、农村医疗现状调研、当地社区医疗服务状况调研、农民收入状况调研等。学生在社会调查实践中，把所学理论与自己身边的实际联系在一起，通过一些具体问题的调研，在了解社会主义建设实际的基础上，对中国特色社会主义理论体系的理解加深了，对党的路线、方针和政策的认识深化了，不断提高思想觉悟和认知能力，使其主观世界得到感性的再教育，从而达到提高理论教学的实效性的目的。

2. 实践教学凸显学生主体地位的方法激发了学生学习的积极性

教学有法，教无定法，贵在得法。传统"概论"课理论教学中存在的突出问题是教师主导作用发挥有余，学生主体地位体现不足，把理论教学看成是"教师灌、学生装"，认为学生只是被动接受知识的对象，忽视了学生学习的主动性、自主性和创造性，致使学生对"概论"课没有兴趣，"概论"课教学实效性较差。面对政治性、思想性、理论性都较强的"概论"课程，要改变"概论"课教学实效性不强的现状，使其对学生具有吸引力和感染力。除了在理论教学上根据教学内容不同采取专题讨论、主题辩论、案例分析等多种多样的教学方法外，更要注重课程实践教学和社会实践教学环节在"概论"课教学中的作用。无论是课程实践教学还是社会实践教学都要突出以学生为主体，运用校园实践、社会调研、参观考察、志愿服务等多种实践教学模式，把课堂教学延伸到社会，给学生提供更多参与、锻炼、展示的机会，不仅学生学习的积极性、主动性和创造性被激发，“概论”课教育教学的实效性被增强，而且还使学生在实践活动中增加了知识、增长了才干。

3. 实践教学有助于“概论”课教学目标的实现

开设“概论”课程的目的，是帮助大学生系统地掌握马克思主义中国化两大理论成果——毛泽东思想和中国特色社会主义理论体系的形成发展、主要内容及精髓，对中国特色社会主义道路、理论、制度和文化更加自信，坚定建设、巩固和发展中国特色社会主义的理想信念。而实践教学无论是内容还是方法和形式都有利于这一目标的实现。从教学的内容看，贯穿于“概论”课教学过程中的课程实践教学所进行的社会小调查实践活动，调查的题目是结合课程的重点内容、国内外的热点问题及大学生的思想实际问题，包含着当代中国的经济、政治、文化、社会和生态等各个方面。在老师的指导下，学生利用课余时间展开社会调查，通过社会调查，学生在获得第一手的感性资料的同时，对党和国家的执政理念及政策有更深刻的体会，对 30 多年来我国改革开放取得的成就及进一步全面深化改革面临的困难与问题有了更加客观、全面、辩证的认识，深深地感到党的理论是科学的，中国特色社会主义道路是正确的，完善社会主义制度是必要的。从方法和形式上看，在“概论”课实践教学过程中凸显学生主体地位，教学形式多样，不仅使学生学习理论的兴趣、热情被激发出来，而且使学生的语言表达、思维、创新等各种能力得到了进一步的锻炼和提高，有助于“概论”课程教学目标的实现。

关于实践教学对增强“概论”课程实效性的作用，西南大学马克思主义学院成立专门课题组，对“概论”课实践教学的相关情况以问卷等形式进行了调研。我们仅从“概论”课实践教学效果调查的结果中选出两个题目就可看出实践教学对增强“概论”课程实效性的作用。关于“参加‘概论’课课堂实践教学活动对您个人的影响”这个问题的调查结果是：认为锻炼了自己的胆量和语言表达能力的学生占 69.2%；认为培养了团队合作精神的学生占 66.71%；认为培养了关心国家大事的兴趣的学生占 53.34%；认为培养了自己的创新思维和动手能力的学生分别占有 39.2% 和 34.58%。关于“‘概论’课教学中增加课堂实践活动环节，能否提高学生学习积极性”这个问题的调查结果是：认为能够提高自身学习积极性的学生占 12.98%；认为在一定程度上调动了学习积极性的学生占 66.58%；认为没有和不清楚是否调动了学习积极性的学生分别占 14.14%和 6.3%。从以上这两个题目的调查结果来看，在“概论”课程中实施实践教学使大多数学生的学习积极性被调动起来，学生的团结协助精神得到培养，学生的各种能力得到提高，有助于培养学生关心国家大事的兴趣，有助于“概论”课教学目标的实现。

新媒体时代高校思想政治理论课教学的挑战、探索和创新

——以毛泽东思想和中国特色社会主义理论体系概论课实践教学为例

马永耀

2005 年中宣部、教育部联合印发《〈关于进一步加强和改进高等学校思想政治理论课的意见〉实施方案》（简称“05 方案”）以来，高校思想政治理论课教学改革进入一个新阶段，经过十多年的探索和改革，在各方面取得不少成绩。但是，近几年随着新媒体时代的迅速到来，尤其是以微博、微信、微视频、移动客户端为代表的“三微一端”，成为新媒体的典型代表，它改变了人类几千年以来形成的传统的知识传承和传播的规律和渠道，逐渐显现出新的特征和规律。对我们传统的教育思想、理念、方式、方法等形成了越来越大的冲击，对高等教育也形成了越来越明显的冲击。任何时代，不管借助什么渠道和途径，人类首先传播和改变的是思想和理念，其次才是知识和技术。因此，在新媒体时代，高校思想政治理论课的教学受到的冲击是最大的。变则通，通则久。这就为高校思想政治理

论课的改革与发展提出了新的挑战。

一、新媒体时代对高校思想政治理论课教学的冲击和挑战

（一）新媒体的界定和特征

2010年以来，我国新媒体发展迅速，仅仅三五年时间就进入了移动互联新时代。新媒体时代已经来临，何为新媒体？人们众说纷纭，至今没有一个权威的、能被人们普遍接受的定义。联合国教科文组织对新媒体的定义是：以数字技术为基础，以网络为载体进行信息传播的媒介。我国新闻传播者和受众对新媒体的一般理解是：它与传统媒体的单向传播不同，是通过互联网，借助于各种及时通信软件和客户端，能够相互传播和及时沟通交流的媒体，如QQ、微信、微博等大家普遍使用的移动互联工具。由于新媒体的普遍性，学者和大众对新媒体的主要特征的认识基本一致。

新媒体是相对于传统媒体而言。报纸、杂志、广播电视、收音机等被人们视为传统媒体，与之相对应的，在20世纪90年代以后，尤其是21世纪以来，出现的新的传播形态和媒体形态被称为新媒体。它以网络技术、数字技术、移动技术为技术支撑，以有线网络、无线通信网、互联网等为通道，以PC、智能手机、平板电脑、网络数字电视等为终端，以各种软件和APP为平台，在非常广泛的领域实现信息的多向传播。

新媒体相较旧媒体具有许多新特性，主要表现为信息的即时性和海量性，共享性和交互性，超文本和多媒体，社群化和个性化。新媒体的产生和迅速发展、普及，既以技术创新为支撑，更以人们的信息需求为动力。随着社会现代化程度的不断提高，知识时代和信息时代日益成为时代的主要特征，人们对知识和信息的需求数量不断增长，个性化日益突出。同时在信息传播过程中，人们不愿意再被动地单向接受信息和知识，而希望在

接受知识和信息时，能够向对方和不特定的人群传播自我的信息、知识及感受。现代生活方式的封闭性造成了现代人群的孤独和恐惧，人的本质是社会性，新媒体交互的间接性在很大程度上纾解了人们的孤独和恐惧。因此新媒体一经出现，得到迅速普及，是人类有史以来普及最迅速的现象和技术。现代生活的快节奏和高强度，以及现代技术的智能化，强化了人们的感性思维，使人们的学习和对知识的获得出现碎片化、显性化特征。因此，新媒体信息的即时性和海量性，共享性和交互性，超文本和多媒体，社群化和个性化，是适应现代人群生活的需要而具有的特征，是人类借助于现代技术对现代生活方式弊端的一种自我救赎。

（二）新媒体对高校思想政治理论课教学带来的挑战

新媒体的迅速发展给教育带来巨大机遇的同时，也带来了巨大的挑战和冲击。相较于小、初、中教育而言，高等教育受到的冲击是巨大的，而高等教育课程体系和知识结构体系中，首当其冲的无疑是高校思想政治理论课。

1. 新媒体时代对思想政治理论课的教学内容形成冲击

新媒体时代表面上是把人们带入到海量信息和交互时代，但实质是现象背后的多元文化，尤其是各种价值观的冲突，本质是各种政治利益集团争夺社会科学话语权的斗争。对小、初、中的学生而言，一方面因年龄尚未成年，很多价值理念处于容受、接受的年龄段；另一方面，由于升学的压力和必要性，其接受思想政治教育过程中，虽然有很多被动因素，但主动因素亦占相当比例。对大学生来说，一方面，其年龄进入成人阶段，其接受价值观和理念时，有了更多的主动选择，同时大学学习压力相对减轻，尤其是思想政治理论课考试相对较容易，在一定程度上，大学生更加不注重思想政治理论课的学习；另一方面，大学生应用信息技术的能力相对较强，更容易接触新媒体时代的多元文化，由于人一般都具有较强的自我否定倾向，使大学生更容易接受外来文化。新媒体时代，网络上充斥着大量的虚假错误信息，甚至有反动的内容，但这些内容往往又以靓丽的外表出现。这对既有一定自我选择能力，但鉴别能力又较易受各种因素影响的大学生群体而言，对我党宣传的马克思主义、毛泽东思想、中国特色社会主义理论，以及社会主义价值观、人生观等内容，有时会表现出许多的怀疑，甚至排斥。这对思想政治理论课的教学形成了较大的冲击。

2. 新媒体时代下，对思想政治理论课教师政治和业务素质提出了更高要求

新媒体时代，多元文化带来的冲击，同样对思想政治理论课教师造成巨大影响。一是对其政治信仰的影响。一些思想政治理论课教师只是把教学当作一种简单的工作，不真信，不真讲，课上一套话语，课下一套话语，甚至通过自媒体传播错误的思想、理念和言论。二是对其业务素质的影响。由于新媒体时代信息传播的及时性、海量性、方便性、交互性，大学生能够非常容易地获得教材和教师讲授的内容，甚至足以应付考试。在一定程度上，一些大学生学习思想政治理论课只是为了通过考试，并非要真正形成科学的世界观、人生观和价值观，认可并接受马克思主义及其中国化的马克思主义理论，树立中国特色社会主义理想信念。这些新情况、新变化，对思想政治理论课教师如何通过教书达到育人的目的提出了更高要求。

3. 新媒体时代下，对思想政治理论课的教学方式方法提出了不断改革完善的新要求

新媒体时代，如何让大学生接受和掌握科学理论，并将其变成分析问题的科学方法，是对思想政治理论课的教学方式方法提出的更新更高的要求。毛泽东思想和中国特色社会主义理论是马克思主义中国化的两大理论成果，是中国共产党人集体智慧的结晶，是对中国革命、社会主义建设经

验的总结，是被实践证明无比正确的理论，是实现中华民族伟大复兴的理论指南。为什么让大学生学习掌握这些科学的理论这么困难？一方面，是由于思想政治理论课的特点和内容不易被大学生理解；另一方面原有的相对落后的教学方式方法亦是重要原因。新媒体时代的移动互联把许多大学生变成了“低头一族”“数字移民”，把学习变成了“搜索”，把记忆变成了“电子文本”，把分析问题变成了“别人怎样说”。传统的教学方式方法，尤其是传统的课堂教学方式方法，难以适应新媒体时代的“新大学生”。

二、加强和完善实践教学是新媒体时代“概论”课教学改革的较优选择

（一）思想政治理论课实践教学的含义

从本质上看，新媒体时代并不会改变教育教学的本质和规律，只会改变教育的特征和教学的内容和方式方法。“05 方案”实施以来，高校思想政治理论改革取得了较大成绩，形成了比较科学的课程体系，编写了较高水平全国通用教材，形成了理论教学与实践教学、课上教学与课下教育、线上学习和线下学习相结合的教学机制，教学实效性不断提高。但在新媒体时代，思想政治理论课教学仍然存在一些突出问题：一是课堂教学方式较单一，实效性有待进一步提高；二是实践教学针对性不强，存在走过场的问题，没有真正发挥实践教学的积极作用；三是理论教学和实践存在一定程度脱节的现象。因此，中共中央宣传部教育部在“05 方案”中明确提出：“高等学校思想政治理论课所有课程都要加强实践环节。要建立和完善实践教学保障机制，探索实践育人的长效机制。围绕教学目标，制定大纲，规定学时，提供必要经费。加强组织和管理，把实践教学与社会

调查、志愿服务、公益活动、专业课实习等结合起来，引导大学生走出校门，到基层去，到工农群众中去。要通过形式多样的实践教学活动，提高学生思想政治素质和观察分析社会现象的能力，深化教育教学的效果。”

“05 方案”实施以来，毛泽东思想和中国特色社会主义理论体系概论（以下简称“概论”）课程围绕如何科学进行实践教学，建设实践教学的长效机制，提高“概论”课的教学效果等问题，不断探索和完善“概论”课的实践教学。

实践教学是相对于课堂理论教学而言的。实践教学有广义和狭义之分。广义的实践教学涵盖了课堂教师讲授的理论教学内容以外，其他所有以学生为主体的参与性活动，既包括课堂内的一些主题活动，也包括专门组织的，以理论联系实际为基本方法，通过学生主动参与的主题性实践活动。狭义的实践教学，我们认为主要是后者，即通过专题实践活动，把理论与实际有机结合，提高学生对理论的掌握程度和运用理论分析问题、解决问题的能力。在实践教学实施过程中，我们发现不能把实践教学过分广义化，容易让实践教学流于形式。

（二）加强和完善“概论”课实践教学的必要性和重要性

1. 教材体系向全方位教学体系转化的需要

“05 方案”形成了较科学的高校思想政治理论课程体系，每一课程基本上形成了较科学的课程内容，并且根据我党理论创新，不断进行教材的修改和完善。“概论”课教材体系存在的主要问题是：内容的重复性。“概论”课内容涵盖了马克思主义政治经济学、哲学、科学社会主义等内容，并且形成了中国化的马克思主义理论体系，不同层次的学生对这一理论体系的学习是个循序渐进的过程，高校课程和中学课程内容在一定程度上重复不可避免；同时高校思想政治理论课的 5 门课之间，课程内容也有一定程度的重复。理论与现实的冲突性。“概论”课的两个重要特点是理论性与现实性，理论体系非常完整，理论性强，但涉及的问题现实性强，大学生对现实问题有非常实际的感受。这两个主要问题必须通过教师的教学解决，而且只有理论教学是不能够真正解决的，必须形成全方位的科学教学体系。通过总结经验，我们感觉到，科学的教学体系必须包括理论教学和实践教学，只有两者科学的结合，才能真正做到理论联系实际，才能解决学生学习上的时空错觉感，提高教学的针对性和实效性。

2. 通过实践教学把相关理论问题整合在一起，解决教学内容多与教学时间相对少的矛盾

“概论”课以中国的马克思主义为主题，以马克思主义中国化为主线，系统讲授毛泽东思想和中国特色社会主义理论体系的主要内容。“概论”课的学习要以马克思主义基本原理为理论基础，以中国近现代史，尤其是中国革命和社会主义建设的历史和过程为现实基础，涵盖了哲学、政治经济学、社会主义革命和建设的内容，具体涉及经济、政治、社会、文化、生态、党的建设、对外开放等各个方面。广大“概论”课教师对课程内容的感受是：体系宏大，内容多，理论不断创新，现实热点转换快；教学时数相对较少；教学中既要兼顾课程体系的完整性，又要让大学生在不同角度对相关理论有比较深刻的理解，提高分析问题的能力。如何解决这些问题，重要途径是把理论教学和实践教学有机结合，理论教学侧重理论要点的讲授，实践教学侧重把教材中的理论与社会热点结合起来，用不同的理论内容，从不同的维度分析同一社会现象和问题。这样学生在实践中可以加深对理论的理解，把不同的理论看作一个体系去把握，还可以在实践中对理论进行总结和创新。

3. 新媒体时代的新要求

2016 年 12 月，习近平在全国高校思想政治工作会议上发表重要讲话强调：“办好我们的高校，必须坚持以马克思主义为指导，全面贯彻党的

教育方针。要坚持不懈传播马克思主义科学理论，抓好马克思主义理论教育，为学生一生成长奠定科学的思想基础。”毛泽东思想、中国特色社会主义理论体系是与马克思主义一脉相承的科学体系，它的根本作用在于对中国革命和社会主义建设的指导作用，我们必须通过思想政治理论课的教学把它教化成学生的世界观和方法论，而非只让学生掌握单纯、实用性的知识。

新媒体时代，传播的知识和信息具有海量但碎片化的特点，在一些纯实用性的知识和信息方面，是有很大的优势的。但对思想政治理论课来讲，知识的碎片化有其巨大的负面影响，它非常不利于大学生树立起完整的科学世界观和方法论，容易使大学生形成机械的、形而上学的、唯心的世界观和方法论。

这样两方面就产生了矛盾。如何解决这一矛盾是我们在“概论”课教学过程中，始终思考、探索如何解决的问题。大量的教学实践证明，实践教学在一定程度上能克服这一矛盾。实践教学强调了学生的参与性，克服了从理论到理论的纯逻辑思考，适应了新媒体时代参与性强的特点。新媒体时代，知识和信息传播的及时性、交互性、超文本性等特点，为我们科学设计实践教学提供了思路。在实践教学各环节设计中，尽量使用现代化的技术手段，操作和实施最大程度上符合当代大学生的思维和行为特点。把实践教学与新媒体科学结合，可以实现实践教学的创新，最大限度地调动学生参与的积极性，提高实践教学的效果。

三、新媒体时代“概论”课实践教学的探索与创新

1. 准确把握实践主题设计与课程理论内容之间的关系

“概论”课具有鲜明的理论性与现实性，要用准确、完整的毛泽东思

想和中国特色社会主义理论来指导中国特色社会主义建设。教师必须准确掌握课程的理论体系和各组成部分的理论逻辑关系，在此基础上来选择实践主题并精心设计实践教学的各个环节。实践主题的理论逻辑不能与教材的理论逻辑相冲突，必须坚持正确的价值导向。实践的内容要为课程的教学目的和任务服务。实践主题和内容要体现理论联系实际的方法，要突出问题导向，把社会热点和民众的期盼结合起来，认真分析理论与实际的内在联系。大学生通过实践要加深对理论的理解，对党的路线方针政策的认同和拥护。

2. 不断提炼实践教学具体内容，完善实施环节，全方面对实践教学进行创新

一般认为通过实践教学可以锻炼大学生理论联系实际的能力，更好地进行思想政治理论课的改革。全国各高校不断探索各种各样的“概论”课实践教学，但总体上与改革的目标设计仍有很大差距，需要不断探索和完善。首先，我们在组织“概论”课实践教学过程中，要从不同的角度设计实践教学内容。比如：“问题”式社会实践，即提出实践教学具体目的，让学生在学习理论的基础上，以思考问题、分析问题为内容的社会实践活动；“了解”式社会实践，既让大学生以了解社会，熟悉社会为目的和内容的社会实践，提高学生对社会的认知程度；“学习”式社会实践，即通过社会实践，让学生在实践中以学习提高、增长才干为目的的实践活动；“研讨”式社会实践，以理论热点为主要内容，在实践过程中实现理论与实际的互动，既研讨相关理论，又深入了解实际；“触动”式社会实践，即以参观访问典型事例、典型人物为主要内容，通过实践让学生受到较大触动，提升思想认识水平。实践教学的功能是较多的，但我们不能奢望通过一次或两次实践，就能达到目的，而要不断学习，不断实践。要通过设计、实施不同性质、目的和内容的社会实践活动，实

现不同的教学目的和任务。同时要对实践教学进行科学组织、严细实施，最终通过实践教学把所学理论知识转化为学生的感悟和认知，使学生逐渐做到对马克思主义真学、真信、真用。

3. 把实践教学与新媒体有机结合，充分发挥新媒体的益处

新媒体时代必然对教育的发展产生许多的积极影响，我们要顺势而为，利用新媒体的优势，强化在新媒体上的话语权。但是要避免盲目地跟随，要在创新中引导新媒体、影响新媒体。如在新媒体上更多地发表高质量、可读性强、能引起大学生共鸣的原创内容，扩大影响力，向社会传递正能量。充分利用新媒体手段，不断扩大社会实践教学的实施范围，延伸实践教学的途径，提高实践教学的效果。同时要根据理论创新的成果，社会热点、大学生思想认识的重点等方面，不断优化“概论”课实践教学，使实践教学动态化，始终做到理论创新与实践相结合，理论教学与实践教学相统一。

中国近现代史纲要实践教学育人模式探索

葛晓萍

实践教学是思想政治理论课对大学生进行思想政治教育的重要途径。目前，很多高校思政课教师认识到了实践在教学中的重要性，把实践育人工作摆在人才培养的重要位置，纳入思政课程教学计划，合理增加实践课时，系统设计实践教学模式。中国近现代史纲要（以下简称“纲要”）课程作为高校思想政治理论课的5门课程之一，担负着对大学生进行正确历史观培养的任务，同样需要在教学改革中加入实践环节。因此，很多高校的“纲要”课逐渐开展了具有可接触性、可参与性的实践育人活动，增强学生对课堂教学内容的理解。把社会实践和历史教育结合在一起，使大学生在实践活动中学习历史知识、提升各方面素质，弘扬爱国精神，调动学生的学习积极性，培养学生的社会责任感。

一、“纲要”课实践教学中存在的问题

目前，很多高校的“纲要”课教师已经认可实践教学开展的必要性，并在实际教学中增加了实践教学环节和活动，各校自己设计了一些实践类型和形式，很多取得了初步的成效。但从实践效果来看，还存在着一些突出的问题，需要加以解决，从而真正把实践教学的优势发挥出来。

（一）课时紧张使得实践环节难以设计

这是一个客观原因，“纲要”课与其他思政课相比较，是课时最少的一门思想政治理论课。有的学校 36 课时，有的学校仅有 32 课时，在这么少的课时中再拿出一些课时做实践，使实践教学计划很不好设计和安排，导致设计得过于简单，如只是安排学生读史书、看历史电影等，往往会让实践活动流于形式。“纲要”课的教学内容十分繁重，要讲授 10 章将近两百年的中国历史，教师授课时间本来就十分紧张，只能选择性地讲一些专题。实践教学的开展，又会进一步挤占课堂教学课时，使得很多老师陷于两难境地，实践活动也难以真正落实。

（二）教师的实践教学素养还需提高

实践教学不是简单地设计好实践形式，就完全放开让学生自己去做。实践教学需要教师有步骤地指导，才能取得很好的效果。但有些老师由于重视不够，把实践环节看成是学生自己的事情，或只是最后评阅打分，效果就会大打折扣。另外，实践教学还需要教师自己的历史知识和实践能力够强、够丰富，才能很好地指导学生。如果只是单纯地让学生读书看电影，是不能取得实践目的的。因此，教师要及时补充自己的学识和专业知识，对实践环节认真设计，从实践选题到实践评价，对学生的每一过程精心指导，还要准备一些社会资料供学生选择，而不是简单地为了应付检查而去实践教学。只有这样，才能保证好的教学效果。

（三）某些学生对实践的态度不够认真

由于有一些高校学生本身对思想政治理论课的热情不高，因此，对思政课实践环节也是敷衍了事、得过且过。目前表现有，挑选简单省事的实践类型、实践过程造假摆样子、实践总结报告抄袭严重等。如有的学生在总结中直接复制粘贴网上内容，连“百度”中的横线和格式都粘贴下来；有的学生出去考察很积极，但报告直接用网上资料；有的甚至连心得体会都是抄袭他人的。这些问题都是“纲要”课教师需要注意的，教师要考虑怎样调动学生的积极性，用什么样的评价机制奖勤罚懒，激发学生对实践教学的兴趣，从而使“纲要”课的实践教学达到预期目标。

二、“纲要”课实践教学可采取“三结合”的育人模式

为了解决“纲要”课实践教学中存在的问题，教师要悉心钻研实践教学模式，把实践教学发挥出最好的教学效果。这里探讨三种结合模式。

（一）把实践的历史内容与社会现实结合起来提升兴趣

社会心理学研究显示，人的行为由动机决定，而动机则是由需要产生的。人的需要多种多样，如果人们认为某件事能够满足他某方面的需要，也就是认为有用，就会很积极地去做。有些学生在学习近现代史时，总觉得都是发生过的事，离他很遥远，就会没兴趣；再加上中学都是应试教育，大家死记硬背惯了，不会自主学习；还有的学生认为初高中都在学历史，学过的东西没有什么意思。这些想法导致他们的态度越发懈怠。

因此，提升学生对学习历史和参与实践的兴趣非常重要。有了兴趣，学生就会更加关注教学和实践内容，实践教学质量也会随之提高。研究发现，人们往往对现实社会表现出的兴趣更大些，对身边的事情更加关注。因为现实社会更加具体、直观，可以在生活环境中直接感知，从而激发学

生探究的兴趣。因此，在“纲要”课的实践教学活动中，可以让学生设计或者参与一些与现实相关的活动。例如，每年总结一些周年纪念，供学生们选择。如2016年是长征胜利80周年，学生们组织和设计了各种实践活动，有的拍“长征中过草地故事”的历史剧，有的搜集资料学习，有的绘画做宣传，有的组织演讲竞赛等。这些实践教学活动使得学生积极性很高，在活动中加深了对所学知识的理解。

还可以让学生进行关于社会变迁的历史考察，在学校或利用假期在自己家乡展开调查。学生在调研中对自己家乡和学校的变迁史了解得更深，激发了学生对家乡和学校的热爱，也锻炼了自己设计问卷、查阅资料以及与人交际的能力，学生的心得体会也最真实。另外，对革命前辈的走访，对爱国基地的考察，对农村或社区的调查等方式，也可以增强大学生的社会责任感，从而不断提高高校学生参加实践教学的兴趣和活力。在这种实践与现实的结合中，学生们了解了国情，亲身体验到国家相关制度或政策的重要性，在思想上更加认同社会主义核心价值观，也加深了对中国近现代史纲要课本上学习内容的理解和应用，从而提高自身的理论知识和思想素质。

（二）把实践的历史内容与地方历史文化结合起来发现价值

地方历史文化资源在“纲要”课实践教学中有着很重要的应用价值。经过多年的历史积淀，很多地方有自己的历史特色、风土人情、遗迹文物等。对学校或者家乡的丰富多彩的地方历史文化资源进行考察和学习，使学生们更容易产生兴趣。在近几年我校的“纲要”课实践中，选择“历史的足迹”主题到当地考察的学生占到多数。

例如河北省会石家庄，它在我党的革命历史中留下了深深的烙印。革命旧址、战争遗迹、红色文化、烈士陵园、解放纪念碑、人民银行旧址、省博物馆等都是学生考察的热门选择。学生们在陵园给烈士们献花、扫墓，学习他们的英勇事迹；在博物馆了解河北省的杰出人物；在西柏坡参观革命圣地；在冉庄重现地道战的场景。这些宝贵的历史文化资源吸引着大学生们，他们见证历史，学习革命精神，了解国史国情，进而增强了对中国近现代历史发展轨迹的理性认知。

在实践的历史内容与地方历史文化结合上，同样需要任课教师对当地历史文化资源十分熟悉，才能更好地指导学生实践。在参观、考察回来后，不能简单结束，还要要求学生讨论、总结并写成考察报告，以强化参观学习的效果。有些学生会把参观活动的照片或录像制作成小视频。这种方法，不仅让学生积累学习了历史知识，深化了学生对历史的认识，而且增强了“纲要”课的吸引力，切实提高了实践教学的效果。

（三）把实践的历史内容与校园活动结合起来锻炼能力

校园是学生们学习活动的主要场所，“纲要”课实践教学，也要注意和校园活动结合起来。通过采取丰富多彩的系列校园实践活动，既使学生学习了知识，又锻炼了他们的组织能力、表达能力、做事能力、创新能力、交际能力等。“纲要”课的实践活动可以采取在教室里进行主题演讲、主题诗朗诵、唱响革命歌曲等活动；也可以让学生们搜集资料，举行历史知识竞赛活动，或者自拍自导自演历史剧；还可以让学生们在校园里做历史知识宣传等活动。这些活动丰富了学生的校园生活，使学生在娱乐中学到了知识，锻炼了能力，提高了学生们的参与积极性。例如，排演历史短剧可以以小组为单位，让学生围绕某近现代历史选题或者结合课堂教学内容自编自演，编排历史小短剧。学习小组要挑选历史剧内容，要布置拍摄场所，要简单化妆，还要全程参与。我教的学生中有的在教室中拍，有的到宿舍拍，还有的到体育场上拍，虽然道具简单，但学生们参与的积极性很高，有的帮忙拍摄，有的布置场地，有的上上下下扮演很多小角色。学生们演得很投入，没有对历史背景的学习和对历史人物的了解是做不到的。

主题实践活动主要是指结合教学内容采取不同形式的实践教学形式。例如组织学生唱响革命歌曲就是对学生进行爱国主义教育的很好形式。学生们有的在教室唱，有的到食堂唱，通过学唱革命歌曲，激发了学生的爱国热情。再如开展历史知识竞赛或者辩论赛也是激发学生学习兴趣的方法之一，既能调动学生学习的积极性和主动性，又能锻炼他们分析问题、解决问题的能力，培养语言表达能力。还有组织学生们宣讲，制作海报、展板或签名条幅，展示书法作品、绘画作品、摄影作品、手工作品等在大学校园开展宣传交流活动，进行历史知识的宣传，学生们不仅展现了自己的特长，也把枯燥的课本内容变成了生动的实践，让学生在快乐中学习和传播中国近现代史知识。

根据近几年学生对“纲要”课实践活动的反馈，以上这几种形式深受学生的喜爱，而且老师们还要根据理工和社科等不同学院的学生特点，有针对性地开展和指导。例如艺术学院的学生们更喜欢用绘画宣传的形式参与实践；影视和中文的学生更钟情于历史剧的排演；有些理工科的学生喜欢通过历史考察来拓展自己的知识，等等。近几年有些学生们自编自演的历史短剧非常精彩，如《新文化运动》《辛亥革命》《长征故事》《虎门销烟》等，让老师也看得津津有味，并欣喜地发现了学生更多的才能。另外，对于一些周年纪念活动，学生们也很踊跃参加，如2015年的“抗日战争胜利周年宣传”和2016年的“长征胜利周年宣传”等，让学生们在自己学到知识的同时，把爱国历史内容宣传到校园，丰富了校园生活，锻炼了学生的能力。

总之，“纲要”课之所以加入了实践环节，是为了在实践活动中让学生真正理解课上所学内容，并拓展相应的知识。单纯的课堂讲授，即使与学生互动，也会受到课堂时间的限制，很多知识没有办法全部讲完，而且学生的理解能力也有限。但在实践环节中，在老师的指导下，随着学生自己去浏览历史知识、搜集活动资料、实际参观或表演，学生会更加深入地理解我国近现代史的内容，理解祖国强大的重要性，理解新中国成立的不易和进行社会主义建设的必要，从而增强学生的爱国热情和对中国近现代史的掌握。

三、强化互动，激活实践教学实效性

社会互动就是人们对他人采取社会行动和对方做出反应性社会行动的过程。社会互动是个体层次与社会结构层次的中介，正是在互动的基础上，人类才一层层地构筑起整个社会。在实践教学效果调研中，发现实践教学的评价机制也很关键。社会心理学认为，每个人都很关心别人对自己的评价，甚至会影响到个人的自我评价，从而影响到个人的情绪、心理和行为。因此，在实践教学中，完善评价机制，加强师生互动、生生互动非常必要。

教师不仅在课堂教学中要和学生做好互动，调动学生的积极性，在实践教学中同样不能忽视。在实践初期，教师要设计好“纲要”课的实践方案和形式，给学生讲解明白。教师还要按步骤逐步指导学生课下完成实践任务。如实践形式的选择、调查问卷的设计、考察基地的情况等，教师要认真指导。实践活动结束后，学生们要交上实践报告、活动视频、活动照片等。教师要认真评阅，根据学生的报告和表现给出实践成绩，并选出优秀点评表彰。这样，才能激发学生的实践热情。

实践环节中学生们分成小组进行活动，小组内部成员交流互动更多，大家商量实践类型，选择实践场所，一起组织一起讨论。学生在讨论中相互启发、相互补充、相互实现思维和智慧上的碰撞，从而产生新的思想，营建良好的人际环境，在实践中获得满足感和荣誉感，并在实践中锻炼自己的能力，丰富自己的知识，提升自己的素质。

实践后，学生还要根据活动写出实践报告，实践报告中既有每位学生对实践活动的体会与收获，还有学生们结合所学课堂内容及知识点的分析。小组成员之间先进行互评，互相交流实践心得，分享收获。只有实践和互动结合起来，才能做到理论与实践的结合、教学与活动的结合、学习与思考的结合，引导学生在丰富多彩的实践活动中加深对所学内容的理解，深化“纲要”课的教育教学效果。

“马克思主义基本原理概论”课实践教学的探索

郭京振

“马克思主义基本原理概论”这门课讲的是马克思主义理论体系三个基本的组成部分，包括马克思主义哲学、马克思主义政治经济学和科学社会主义，是无产阶级的科学世界观和方法论，是我们认识世界和改造世界的思想武器。马克思主义的根本特征是以实践为基础的科学性与革命性的统一，理论与实践的统一是马克思主义的一个最基本的原则。“马克思主义基本原理概论”的实践教学是高等学校思想政治理论课的重要组成部分，“可以说，马克思主义‘本质上就是实践的科学’，‘原理’课教学的实践性功能正是由马克思主义的实践性内在规定的”(1)。

实践教学是理论联系实际的过程，在实践教学中，课堂实践、校园实践和社会实践相互推动、协调发展。在这里主要谈谈课堂实践，把实践活动贯穿于教学活动的全过程，一切使学生积极参与的教学活动，如研究性

(1) 查少刚.“马克思主义基本原理概论”课教学的功能 [J]. 思想理论教育导刊，2009（5）：49.

学习、参加讨论辩论、进行社会调查等都是实践教学活动。

一、“马克思主义基本原理概论”课的课堂实践

课堂实践对大学生进行系统的马克思主义基本原理教育，是核心，是主渠道，是基础。通过调动学生的学习主动性和积极性，让学生在课堂实践中体悟马克思主义基本理论，从而提高思想政治理论课实效性。

（一）把教学案例和学生学习生活结合，做到理论联系实际，提高教育实效性

教学案例一般是具有典型意义的事件，它能启发学生思考和感悟。《马克思主义基本原理概论》（2015年版）教材共有8章（包括绪论）内容，在每一章，我们至少有一个教学案例分析。教学案例系统包括理论要点、案例文本、思考讨论题、案例解析和教学建议等几个方面。在讲课前可让学生准备这方面的相关资料，在课堂上进行讨论或辩论等。例如在“绪论”一章中，我们通过马克思当选“千年思想家”这个重要事件来分析应如何正确看待对待马克思主义。通过实例分析，说明马克思主义的创始人卡尔•马克思被多家西方媒体评选为“千年思想家”不是偶然的。马克思主义从产生到现在已经170年了，马克思主义是不断发展的科学理论体系，跨越欧洲影响了全世界。随着历史的发展，马克思主义日益深入人心，显示出巨大的生命力。这就要求我们以科学的态度对待马克思主义，正确处理马克思主义基本原理与特定历史条件下个别的理论判断和具体结论的关系，正确处理马克思主义理论与实践的关系。既要反对教条主义，又要反对马克思主义“过时论”的观点，把坚持和发展马克思主义统一起来。既要反对形式主义，又要反对实用主义，坚持马克思主义理论联系实际的学风，真正做到学以致用。最后针对学生中对马克思主义存在的一些模糊认

识进行答疑解惑。

在第一章“世界的物质性及发展规律”中，我们通过中南大学2008级应用数学专业大三学生刘路破解国际数学难题“西塔潘猜想”来分析物质和意识的辩证关系。物质决定意识要求我们从实际出发，尊重客观规律。意识对物质有能动的反作用，要求我们在尊重客观规律基础上发挥人的主观能动性。尊重事物发展的规律与发挥人的主观能动性是辩证统一的。主观能动作用的发挥，依赖于一定的物质条件和物质手段。中南大学2008级应用数学专业大三学生刘路痴迷数学，利用国内外书籍、论文等国际数学界的前沿课题研究和自己的推演，有一天突然想到利用之前用到的一个方法稍作修改便可以证明“西塔潘猜想”。机会青睐有准备的头脑，这是破解国际数学难题“西塔潘猜想”的前提和基础。在这个过程中刘路不断去领悟，发挥自己的能动性和创造性，破解了国际数学难题“西塔潘猜想”。启发学生正确处理个人与社会关系，把个人发展与国家发展结合起来，在国家发展提供的条件下，努力学习科技文化知识，实现自己的人生目标。

在第二章“认识的本质及发展规律”中，我们通过“首颗暗物质粒子探测卫星成功发射事件中的认识论”来说明实践和认识的辩证关系，了解认识是一个不断反复和无限发展的过程。人们对“暗物质粒子”和“暗物质粒子探测卫星”的认识是一个不断反复和无限发展的过程。在实践中，人们对“暗物质粒子”和“暗物质粒子探测卫星”的认识会不断扩展和深化。启发学生努力学习，大胆实践，争做科技创新的先锋。

在第三章“人类社会及发展规律”中，通过“从转基因产品安全性看科学技术两重性作用”的案例分析，要求同学正确看待科学技术的社会作用。科学技术就像一把双刃剑，既能促进经济和社会发展以造福于人类，同时也可能在一定条件下为人类的生存和发展带来消极后果。科学技术作用的实现要受社会制度、利益关系等客观条件的影响，也要受到如人们的观念和认识水平等主观条件的影响。任何事物都有它的两面性，转基因食品也同样具有两面性。如有些转基因生物产品可能含有有毒物质和过敏源，会对人体健康产生不利影响，严重的甚至可以致癌或导致某些遗传疾病。因此，对待转基因产品应做到“继续坚持自主创新、确保安全、依法管理”。对待科学技术应扬长避短，令其造福于人类生活、促进社会的进步和发展。启发同学学习科学文化知识，实现科教兴国，还要以促进经济和社会发展、以法治国和以德治国为前提。

在第四章“资本主义的本质及规律”中，通过“从希拉里‘邮件门’政治丑闻看资本主义政治制度及其本质”的案例的分析，说明希拉里“邮件门”从本质上说明了美国法律保护的是金钱政治、腐败结盟，而不是民众共享的所谓的民主。近期曝光的一批美国“高端邮件”显示，民主党候选总统人希拉里团队使出一系列前所未有的手段，伤害同一党派的另一位候选人桑德斯，同时操控媒体、导演游行、卖官鬻爵，又一次颠覆了美国政客们反复标榜的所谓的“美式民主”。“邮件门”的本质就是一种制度腐败、政治腐败。启发学生认识资产阶级民主从一开始就是少数人的民主，是以少数人对多数人的统治为前提的民主，是以保护资产阶级私有制经济利益为条件的民主，具有历史的和阶级的局限性。

在第五章“资本主义的发展及趋势”中，通过“反高通垄断案中的经济学”的案例分析，说明垄断的形成、垄断条件下竞争的特点和垄断与竞争的关系等。国家发展改革委对高通公司滥用市场支配地位实施排除、限制竞争的垄断行为依法做出处理，责令高通公司停止相关违法行为，并罚款 60.88 亿元。罚款不是目的，反垄断是为了创造公平竞争的环境。启发学生了解经济要转型升级，需要依靠技术创新，也需要我们的技术创新打破垄断的限制，实现科教兴国。

在第六章“社会主义发展及规律”中，通过“从习近平在庆祝建党95周年大会上的讲话看社会主义发展进程中的飞跃”的案例说明社会主义从空想到科学的飞跃，社会主义从理论到实践的飞跃，社会主义从一国到多国的飞跃。习近平在庆祝建党95周年大会上的讲话，介绍新中国成立以来既有辉煌的成就，也有严重的挫折，但我们找到了实现社会主义现代化，创造人民美好生活的必由之路，就是中国特色社会主义道路，科学社会主义在21世纪焕发出新的蓬勃生机；新中国成立以来特别是改革开放近40年来摆脱贫困并跃升为世界第二大经济体，彻底摆脱被开除球籍的危险，创造了人类社会发展史上惊天动地的发展奇迹，使中华民族焕发出新的蓬勃生机。启发学生正确看待中国成立以来的辉煌成就和严重挫折，特别是改革开放以来辉煌的成就和绵连的困难及问题。

在第七章“共产主义崇高理想及其最终实现”中，通过“从共产主义试点看共产主义的基本特征”的案例分析，说明社会生产力高度发展，产品极大丰富，是共产主义社会实现的必要条件。在此基础上，根据人们的需要进行生活资料的分配。而物质财富极大丰富，消费资料按需分配也是实现社会关系高度和谐的基础，为人们精神境界极大提高提供了物质基础，从而为每个人自由而全面的发展，人类从必然王国向自由王国的飞跃提供强大的物质基础。启发学生坚持理想不动摇，学好本领，为发展社会主义生产力做贡献。

（二）把理论和学生社会生活实际结合起来，做到理论联系实际，树立正确的立场、观点和方法

理论联系实际是马克思主义的基本原则，也是马克思主义的学风。思想政治理论课课堂实践的关键在于教育的实效性，要贴近社会生活现实，针对学生实际，有的放矢，“对症下药”。学习马克思主义基本原理概论，就要用马克思主义的基本立场、观点、方法去正确地认识和分析学生在社会生活中的实际问题，调动学生主动参与学习的积极性。

例如，让学生从人与社会关系、物质之间相互作用方面来分析“善有善报，恶有恶报”。学生们可以通过查阅资料、师生互动讨论等方式参与。有的同学说，世界上的一切物质之间是相互联系、相互作用的，作用力与反作用力是不可分的，对立统一的。人与自然的关系同样是“善有善报，恶有恶报”。你善待自然，自然也会以善相报；你恶待自然，自然也就不客气以恶相报。我们人类在与自然的相处上应该坚定不移地、毫不动摇地与自然为善，与自然资源为善。环境好了，人类才有好日子过；环境恶化了，人类必将遭受到灭顶之灾。有的同学说，一个人，身处现实社会中，如果坚持向善、为善，最终总会得到他人善意的回报、社会的肯定和褒扬；反之，如果只顾利己而不惜损害别人的利益，必定会为社会舆论所不齿，作恶多端更是难逃法律的惩处。也有的同学说，“我为人人，人人为我”，政府倡导建设和谐社会，就是要建立人与人、人与自然之间的共赢局面，这样大家才有安全感、幸福感。在现实社会中，要正确处理人与人、人与社会的关系，要强调人对他人和社会的责任与贡献，要提倡感恩，要感恩我们的老师，要感恩我们的父母，要感恩我们的社会正义。要正确处理人与自然界的关系，把握物质相互作用的规律，争取对人和社会有利的结果，在人与自然和谐关系基础上，争取效率最大化。

例如，在讲到矛盾发展的不平衡性的原理时，可以让学生课下观看习近平在庆祝建党95周年大会上的视频讲话，并查找搜集新中国成立以来取得的辉煌的成就和遭受的严重的挫折等方面的资料，通过互动讨论等方式，结合学生对这个问题的认识谈谈自己的看法。启发学生正确看待新中国成立以来特别是改革开放以来取得的辉煌的成就和遭受的严重的挫折。矛盾发展的不平衡性的原理告诉我们，矛盾的主要方面和次要方面是统一的，在事物发展中的地位和作用是不同的。要求我们分析问题要坚持“两点论”和“重点论”相结合的方法，既要看到新中国成立以来取得的辉煌的成就和遭受的严重的挫折，坚持“两点论”，又要看到新中国成立以来取得的辉煌的成就是矛盾的主要方面，坚持“重点论”。正确引导学生透过现象看到事物本质，树立正确分析问题的基本立场、观点和方法。

2016 年 12 月 7—8 日，中共中央总书记、国家主席、中央军委主席习近平在全国高校思想政治工作会议上指出：“要坚持把立德树人作为中心环节，把思想政治工作贯穿教育教学全过程，实现全程育人、全方位育人，努力开创我国高等教育事业发展新局面。”习近平为全国高校思想政治工作指明了方向。“马克思主义基本原理概论”课的课堂实践，理论联系实际地开展教学活动，通过组织学生开展讨论式、体验式、辩论式、互动式的活动，提高学生的学习主动性和积极性，培养学生观察、分析和解决实际问题的能力，使他们树立正确的世界观、人生观、价值观，提高教育的实效性、感染力和说服力，实现立德树人。

二、“马克思主义基本原理概论”课的校园实践

校园实践（校园实践从广义上属于社会实践的一部分），是“马克思主义基本原理概论”课的实践教学的重要组成部分。“马克思主义基本原理概论”课校园实践，请学生深入校园，围绕学校发展和大学生学习、生活实际，选择调查主题，展开校园内实践调查，并在实践调查的基础上，结合所学马克思主义基本原理，撰写论文。同学们深入实际，确定调查题目，确定调查对象，并设计调查问卷展开调查。论文题目有：考研利与弊的哲学分析、大学生社团活动中问题处理的哲学指导、大学生学习状况调查与哲学分析、大学生兼职利与弊的哲学分析、手机智能化对大学生生活影响矛盾分析、大学生信仰现状调查与哲学分析、互联网利与弊对大学生

生活学习的影响、用事物的普遍联系的观点看大学生创业问题，等等。在此过程中，老师对学生们的调查题目的选择、调查问卷的设计、论文的写作进行了指导，收到的效果还是不错的。有的同学完成了对大学生兼职创业的调查和体验后说："懂得了要创业，就必须付出加倍的努力这样一个道理。在进行调查的这段时间里，我体会到了工作中的酸甜苦辣，这时才发现我们现在有多幸福。因为我们还是在校大学生，并没有真正步入社会中，没有感受到现在大多数大人的那种压力。想起来，能在这么好的环境下读书，我们应该要学会知足。这一次社会实践给了我学习的机会，同时也给了我一次记忆深刻的经历。"有的同学亲身体验了大学生社团活动后说："我仅仅就大学生在参加社团活动中出现的一些问题，然后结合马克思主义理论去探讨，就知道马克思主义对我们思想上的影响，对帮助我们解决生活中遇到的难题是多么重要。而在更深入地去学习马克思主义基本原理后，我们会从中学到很多科学的世界观和方法论，潜移默化地扩大了视野，加深了思想的深度。让我在看待各种现象和问题时，学着去理性思考，并通过现象看到本质，让我了解到事物客观真实的一面。因此，我个人认为马克思主义理论课对我们大学生树立正确的人生观、世界观、价值观方面起了很重要的作用。理解马克思主义，更会提高我们的逻辑能力、分析能力，以及思辨能力。学习马克思主义使我获益匪浅，理解马克思主义，学好马克思主义，将不仅使我们在今后的生活中受益，而且是让我们在各方面都能获得最大的利益。"有的同学在调查了手机智能化对大学生生活影响后，提出了对大学生的一点建议："作为大学生来说，手机的普及使我们大学生的生活更加社会化，交流更加密切，但它在使我们更加乐观地面对生活的同时，也带来了不小的危害。关键在于大学生对手机如何树立正确的价值使用观。大学生应有自控能力，大学生在良好的校园文化环境中，身心才能健康发展，形成正确的人生观、价值观，并具备良好的思想和心理素质，变成有追求、有文化、有内涵的人。”

校园实践将理论与社会现实结合起来，让理论走近社会，贴近实际，通过不同的视角，对理论问题进行不同的阐述。校园实践就是要在教学过程中，让学生深入到校园中去，联系学生的学习和社会生活实际，做社会调查，通过调查报告或论文的形式，用马克思主义基本原理分析问题和解决问题。校园实践是马克思主义基本原理的第二课堂，也是同学们获取知识、提高能力的重要途径。让同学们在社会调查的实践中发现问题，找出原因，提出对策，从而增强同学们分析问题、解决问题的能力。

中国近现代史纲要的实践教学活动探究

韩 梅

中国近现代史纲要是一门既有史实，又兼具理论的思想政治理论课程。在本课程中强化实践教学，可以通过课堂内外的实践教学活动深切感受历史，提高学生思想政治素质和观察分析社会现象的能力，完善教学，促进学生身心全面发展。本文拟从“四个贴近”方面和“三个重视”原则分别对课堂内的实践教学活动和课堂外的实践教学活动展开分析，以期获得对实践教学活动更为全面深刻的理解和把握。

一、中国近现代史纲要实践教学的必要性

中国近现代史纲要是4门思想政治必修课之一，是马克思主义政治理论课的重要组成部分。它以史论纲，在教学内容上衔接中学历史，但又不止于中学历史，而是由历史史实推向理论，使学生的理论知识得到提升，达到“两个了解，四个选择”的境界。以此为教学目的，势必对中国近现代史纲要的教学提出了更高的要求，既要介绍历史史实，又要加强思想引

导，让学生从浅层面的了解到深入的理解再到特定价值观念的内化于心。这个教学过程的推进并不容易。浅层面的了解可以通过考试来检验，深入的理解可以通过讨论或者小论文来检验，而内化于心却要通过外在的行为方式来检验。层层递进的教学过程说明中国近现代史纲要的教学不能仅靠单纯理论讲授，还需要实践指导，即理论教学和实践教学的结合。只有内化于心才能外显于行，只有外塑于行才能内化于心。

2005 年中共中央宣传部、教育部《关于进一步加强和改进高等学校思想政治理论课的意见》指出："高等学校思想政治理论课所有课程都要加强实践环节。要建立和完善实践教学保障机制，探索实践育人的长效机制。"[1] 目前，理论教学与实践教学的结合是现在很多高校在思政课教学改革方面采用的方法。在理论教学寻求精进的同时，实践教学通过各种形式加以展开。实践教学按照实践活动开展的场地背景可以粗略分为课堂实践和课外实践。无论是课堂实践还是课外实践，都要与立足于课堂的理论教学相联系，不能脱离理论教学。由于中国近现代史纲要的课时有限，实践教学不能削弱课堂理论教学，而应该辅助课堂理论教学。以课堂理论教学为主线，课堂实践要合理安排穿插于课堂理论教学之中，课外实践更是要在课堂理论教学的指导下进行，并最终回归反哺课堂。

二、中国近现代史纲要课堂实践教学活动的展开

课堂实践教学活动是指教师在课堂上根据教学内容组织的由学生自己完成的实践活动，主要包括课内讨论、课内自我学习展示、影视教学资料片观摩、演讲、案例分析、辩论、课内主题诗会、主题歌会等。中国近现代史纲要的课堂实践教学应该紧扣课堂理论教学内容进行。中国近现代史纲要课时相对于其他课程来说比较少，在有限的课堂时间、局限的课堂空

间里插入丰富的实践内容必须有紧凑精巧的教学设计，使实践教学辅佐理论教学，又不至于在时间上挤占太过。课堂实践教学可以从以下“四个贴近”展开。

（一）阅读经典，贴近经典

在中国近现代史纲要教材的每一章节后面都有学习思考和参考文献。参考文献又分为必读文献和延伸阅读文献。这些参考文献多为经典历史文献。经典历史文献的阅读非常有助于学生理解书本理论知识，拓展学生视野。但是囿于教学时间的限制，以及学生日常学习中对公共基础课的不够重视，主动阅读这些经典历史文献的学生微乎其微。那么，在教学设计中引入相关经典历史文献的导读就可以解决这个问题。既可以弥补学生单纯看教材书本的缺陷，又可以丰富已有的书本教材内容。例如，在讲授第四章“新文化运动”时，可以介绍陈独秀创办的《新青年》杂志。《新青年》杂志已于2014年出版了影印版合编，各大图书馆都有保存，可以借来《新青年》的影印版给学生展示。让学生看看真实的《新青年》是什么样子的，引导学生朗读陈独秀在《新青年》创刊号上撰写的发刊词：“青年如初春，如朝日，如百卉之萌动，如利刃之新发于硎，人生最可宝贵之时期也。”感受字里行间对青年的寄予：青年永远年轻，青年永富希望。对比战乱年代以陈独秀为代表的知识分子对新青年的寄托与期望，进而讨论我们所处新时代对新青年的寄托与期望。应该如何做一个青年、一个新时代的新式青年？这是从经典历史文献阅读中引申出来的一个现实问题。经典文献的阅读，应该作为实践环节纳入课堂教学活动中，教师的主导作用和学生的主体作用都可以得到发挥，在学习上起到事半功倍的效果。

（二）反映生活，贴近生活

生活是学生最为熟悉的层面，如果中国近现代史纲要的实践能够深入学生的生活，贴近学生的生活，就能引发学生的学习兴趣，并且产生历史就在身边的感觉。貌似陈旧的历史里照进了生活的阳光，马上变得生动活泼，富有趣味。例如，在讲授新文化运动中新文学对旧文学的革新问题时，可以展示当时作为新文学代表的诗词散文。主要有胡适的《蝴蝶》、沈尹默的《月夜》、刘半农《丁巳除夕》等白话诗，鲁迅的《狂人日记》《孔乙己》《药》等白话文小说。鼓励学生尝试写出白话诗文和文言诗文以及现在流行的各种不同文体的诗文，感受其中的差异和不同。新文学对旧文学的革新还体现在《新青年》杂志的自我革新上，1918 年以前的《新青年》多是文言文，1918 年之后的《新青年》全刊都改为白话文。这种彻底的转变基本宣告了《新青年》杂志与旧文学的决裂。在讲授鸦片战争前的中英贸易时，除了单纯讲鸦片以外，还可以介绍当时另一重要商品——茶叶。鸦片是中英贸易逆差的关键词，而茶叶是中英贸易顺差的关键词。联系茶叶从中国输入英国的历史，联系起于当时延续至今几百年的英国下午茶生活习惯，可以帮助学生更好地从日常生活角度来理解 18 世纪中英贸易对中英两国的影响。通过对中英贸易的全景展示，可以鼓励学生探讨当时的清朝政府扭转贸易逆差避免战争的可能。在介绍抗日英雄人物时，可以鼓动学生宣讲自己家乡的英雄人物和英雄事迹。比如河北献县的抗日英雄马本斋就是一个很好的范例。带着家乡乡土情怀的宣讲让高大上的英雄变得平易近人，仿佛就在身边，拉近书本历史与学生的距离感。总之，贴近生活的课堂实践教学最大的优点是可以激发学生的兴趣，对学生参与活动的要求比较宽泛。即使学生没有非常扎实的历史基础，也能够充分参与到实践活动中来，适用于绝大多数学生的课堂实践参与。

（三）走进历史，贴近历史

中国近现代史纲要本身是以史实为主体的课程，对历史的讲授尤为重要。在讲授书本历史主线时，引入一些书本外的历史资料，可以丰富教学。例如，在讲授“灿烂的中国古代文明”这个问题时，可以引导学生讨论自己了解的中国古代文明，并引入《朝代歌》帮助学生记忆中国的王朝更迭史。在讲授“马克思主义与中国工人运动的结合”时，可以引入中国“五一”劳动节的发展历史。学生一般只知道“五一”是节假日，却不知道“五一”国际劳动节引入近代中国的历史，以及对马克思主义与工人运动的意义。1920 年 5 月 1 日中国历史上第一个“五一”国际劳动节纪念活动就是在中国最早的共产主义知识分子领导下进行的。李大钊亲自领导了北京地区的国际劳动节群众纪念活动，并指导组织了长辛店和唐山的国际劳动节纪念活动。从 1919 年到 1924 年每年的“五一”劳动节，李大钊都发文纪念，代表性文章就是《“五一节”Mayday 杂感》和《“五一”Mayday 运动史》。以李大钊为代表的共产主义知识分子吹响了工人运动的号角，通过亲笔撰文和散发传单传播共产主义的思想，通过亲自参与运动指导工人群众建立共产主义党小组。在中国各大城市的五一国际劳动节纪念活动中，马克思主义与中国工人运动结合在一起，共产主义知识分子在工人群众中逐渐建立并扩大了自己的组织。这些延伸自书本教材又贴近历史的课堂实践教学可以丰富学生的知识、拓展学生的视野，并且不易脱离理论教学主线。

（四）取材现实，贴近现实

中国近现代史纲要这门课最大的特点是历史性。若要指出讲授的局限，也是因其历史性。在激发学生对课程的兴趣点里，历史可能是优点，也可能是缺点。优点是历史本身所具有的魅力，缺点是对于好新骛奇的年轻学生来说，就历史讲授历史难免会显得沉闷枯燥。如果引入现实要素，现实与历史的对照会让课程更为生动，学生的感受更为深刻。例如，在讲到朝鲜战争中美两国的实力对比时，桥是一个可以提取的关键词。著名的水门桥之战是可以引作辅政的史料。在水门桥之战中体现出的中美工业实力的巨大差距足以让学生震撼，让学生更可以感受朝鲜战争胜利的来之不易。在分享这些过往史料的同时还可以分享我国 21 世纪的工业能力新发展。21 世纪的中国已经可以在各种极端地理条件下建桥了，难度远超水门桥。在现代战争所需要的军事装备上，可以给今天的士兵以最好的保护。现在的中国再也不是那年朝鲜战场上靠单薄衣衫御风雪、小米步枪对强敌的中国了。通过了解新中国成立初期中美实力的巨大反差，比照中国跨世纪的巨大发展，可以让学生建立起民族自豪感。

三、中国近现代史纲要课外实践教学活动的展开

课外实践教学活动是指教师在课堂之外展开的与课堂内容相关的，强调学生主动参与，并由教师主导的教学相关活动。与课堂实践教学活动相比，课外实践教学活动更为灵活，在内容和形式上有更多选择。课外实践教学的好处是不会占用课时，而可能出现的问题是脱离课堂理论教学的指导。因此，课外实践教学要特别把握好实践的度，不可以脱离教学主线，不可以喧宾夺主。在课外实践教学活动中，有“三个重视”可以参照遵循。

（一）重视本地历史资源的利用

中国近现代史纲要的课外实践活动脱离不了历史，学生做实践一般情况也脱离不了本地。所以，课外实践活动大多首先考虑充分利用本地历史资源。比如本地的博物馆、革命烈士陵园，或者与某个历史事件相关的遗址，都是开展课外实践的理想活动场所。这些本地历史资源将书本理论知识立体化，变得可观看、可触摸、可体会、可直接交流，与书本理论知识相互印证，以小见大，以点代面，增强学生对中国近现代史发展的切身感受。本地历史资源的利用在客观上也有很多便利条件。2004 年中共中央国务院颁布的《关于进一步加强和改进大学生思想政治教育的意见》又指出：“充分发挥爱国主义教育基地对大学生的教育作用，各类博物馆、纪念馆、展览馆、烈士陵园等爱国主义教育基地，对大学生集体参观一律实

行免票。”这些便捷的历史资源就地取材，用低廉的教学成本赢得了高效的教学效果。华北地区是抗日战争、解放战争时期的重要战场，这块红色区域留下了无数革命印记，涌现了无数革命英烈。河北博物院、华北烈士陵园、西柏坡等都可以引入课外实践教学。在本土历史资源的利用上，需要把握好两个方面。一方面是实践教学主题的选择应注意差异性和多样性。中国近现代史纲要是大班上课，囊括全国各省份的上百名学生。为了尽量照顾每个学生的兴趣，给学生更多选择机会，实践活动应该尽量细化、分组进行。另一方面要注重学生参与活动的主体性感受。在课外实践活动中，学生的主体感受就是实践所要追求的最终的结果。课外实践活动不是随地游逛，要注重组织性，避免散乱无序。要重视师生的互动和对话，用适时的讨论和小结及思想反馈来检验实践效果。否则，课外实践活动不止会脱离课堂脱离理论，最终也达不到实践教育的目的，甚至因为盲目实践影响教学，适得其反。

（二）重视校园活动的开展

校园活动是中国近现代史纲要课外实践教学开展的又一平台，主要包括各种社团活动、校园文化活动。在校园活动中插入实践教学活动，不仅使教学活动的成本相对较低，活动的安全性很高，而且学生的自我教育和朋辈群体互为教育相互影响的体现比较充分。实践活动可以充分贴近学生生活，活动形式丰富多样。比如以某个历史事件或者某个历史人物的周年纪念为主要内容在校园展开宣传活动，海报、展板、签名条幅、书法作品、绘画作品、摄影作品、手工作品等都可以成为活动成果。校园实践教学活动超越课堂活动的局限框架，能充分挖掘大学生潜力，提高大学生创新意识，让他们通过积极向上的活动自觉形成健康的价值理念。活动资料的收集和活动进程的设计既是自我学习的过程，也是宣传教育的过程，可以达到自我教育和宣传教育的双重效果。学生的专业和特长也可展现其中，学生的兴趣可以得到最大限度的发掘。需要注意避免的问题：一是活动主题不能脱离中国近现代史范畴，实践教学内容应该与课程内容相一致，避免泛化盲动。只有紧扣课程教学内容开展实践教学活动，才能提高教学实效性。二是重视活动设计，在实践教学形式和进程的安排上教师要把关，杜绝脱离教学目的、没有教学重点、面面俱到的空泛式教学。

（三）重视教师主导性作用与学生主体性作用的结合

教师的主导性作用与学生的主体作用一直是思想政治理论课教学改革讨论的重点。教师的主导性作用与学生的主体性作用是相辅相成还是相互钳制，教学过程中是否充分激发了学生的主体性作用这两点被看作是革新后的思想政治理论课教学模式与传统教学模式的区分点。无论是课堂内还是课堂外的实践教学活动，都要注重教师主导性作用的效率和学生主体性作用的发挥。相对于课堂教学可能遇到的局限性，课堂外实践教学活动中两者结合更为平衡一些。尤其是学生的主体性作用发挥的空间更大，课外实践教学活动甚至被看作课堂理论教学的必备补充。中国近现代史纲要作为思想政治理论课，不仅要传授知识，而且要通过知识传授来“塑造人”，特别是要教育与引导学生在社会实践中感悟、体验、践行所学理论知识，最终将其内化为改造主观世界和客观世界的精神动力、力量源泉。[2]在学生主体性作用充分发挥的课外实践活动中，要注意防止两种倾向。一种倾向认为课外实践教学活动是完全以学生为主的活动，将实践活动的权力大大下放，甚至全权交给学生，从始至终由学生来进行设计管理，教师干涉甚少。这种观点和态度容易形成课外实践教学活动与课堂理论教学的对立，造成师生互动障碍。教师的主导性作用与学生的主体性作用以课堂为界分隔在不同空间，造成无论是理论教学还是实践活动都呈现出单方指向单向运动的结果。另一种倾向认为课外实践教学活动是课堂理论教学的延伸，教学内容不变，只是改变了教学环境。因此，教师应该继续在课外实践教学活动中担负主要责任，按部就班地指挥课外实践教学活动的每一个环节。这种观点和态度实质上是在教学过程中持续偏重教师的主导性作用，遏制了发挥学生主体性作用的可能。课外实践教学活动原本的初始意义被破坏，起不到应有的教学效果，同时也相应增加了任课教师的负担和压力。这两种认知倾向都是对课外实践教学活动理解不透，对教师的主导性作用与学生的主体性作用定位不清造成的。课外实践教学活动既不是放任自流的学生自我活动，也不是课堂理论教学在课外的教学复制。在课外实践教学活动的组织设计过程中，必须有教师职责和学生工作的细致规定和详细安排，使之各司其职、各施其能，是相互配合而不是越俎代庖、相互覆盖，或者相互对立、相互隔膜。

【参考文献】

[1] 中共中央宣传部教育部关于进一步加强和改进高等学校思想政治理论课的意见 [Z]. 教社政〔2005〕5 号，2005-02-07.

[2] 范连生 . 加强中国近现代史纲要课程实践教学的思考 [J]. 天中学刊，2012，27（6）: 133-135.

后　记

本书是河北科技大学马克思主义学院全体教师集体智慧的结晶。多年来，马克思主义学院思想政治理论课教学团队高度重视思政课实践教学改革，坚持不懈地进行实践教学方式方法创新，在思政课“5+1”主题实践教学模式基础上，逐步探索出一套“知行合一，同步推进”的实践教学体系，多次获河北省教育厅及教育部的肯定与表彰。本书正是对河北科技大学马克思主义学院多年实践教学经验的总结与概括，是该院为提升高校思想政治理论课教学质量进行的又一次尝试。

全书由朱晨静统稿，甘玲定稿。本书在编写过程中得到了学校科研院、教务处等部门的帮助与支持，在此一并感谢。

甘　玲

2017 年 9 月